Antara Reimann
Peter Eckel

Im Jahreskreis das Leben feiern

Mit keltischen Festen ein Leben voller Hingabe, Klarheit und Kraft erschaffen

Schirner Verlag

ISBN Printausgabe 978-3-8434-1530-9
ISBN E-Book 978-3-8434-6518-2

Antara Reimann & Peter Eckel:
Im Jahreskreis das Leben feiern
Mit keltischen Festen
ein Leben voller Hingabe,
Klarheit und Kraft erschaffen

Umschlag: Anna Katharina Berg &
Anna Twele, Schirner, unter Verwendung
von # 2135890075 (© ju_see), # 1657662844
(© RedKoala), # 1640777518 (© RedKoala),
120562819 (© arturasker), # 2038268351
(© ju_see), # 1555716587 (© ChWeiss) und
2017709810 (© Jozef Klopacka),
www.shutterstock.com
Layout: Anna Katharina Berg, Schirner
Lektorat: Ina Keller &
Bastian Rittinghaus, Schirner
Printed by: Ren Medien GmbH, Germany

www.schirner.com

2. Auflage Dezember 2024

Dieses Buch ist den Menschen gewidmet,
die den Kontakt zu den natürlichen Rhythmen
und Zyklen aufrechterhalten.

Unsere Vorfahren ehren wir für ihr Bewusstsein für diese Abläufe.
Danke für das Eröffnen der Möglichkeiten,
aus denen wir wählen dürfen.

Und wir danken Mutter Erde und Vater Sonne,
die sich in Liebe vereinen und dem Leben hingeben,
damit für uns gesorgt ist.

Inhalt

Vorwort

Unsere Ahnen waren zuerst Jäger und Sammler und entwickelten sich später zu Bauern, um sich mit der notwendigen Nahrung versorgen zu können. Ihr persönliches Überleben und der Fortbestand der Sippe konnten nur durch genaue Kenntnisse der Zeichen der Natur gesichert werden. Die Natur folgt seit Anbeginn ihren eigenen Zyklen, und alles lebt und stirbt im Einklang damit. Die Menschen mussten lernen, sie zu erkennen und in ihre Planungen mit einzubeziehen, denn nur so war ihnen ein gutes Dasein möglich.

Heute leben wir in sicheren, geheizten Gebäuden mit fließendem Wasser und kaufen unsere Nahrung meist im Supermarkt. Solange das nötige Geld vorhanden ist, ist der Alltag gut zu meistern. Doch auch, wenn die materielle und körperliche Sicherheit in der Regel gewährleistet ist, hat die Natur immer noch einen entscheidenden Einfluss auf uns.

Die natürlichen Rhythmen und die Schwingungen der Jahreszeiten beeinflussen unser Befinden. Wir sind intensiver mit diesen äußerlichen Veränderungen verbunden, als wir glauben. Wind und Wetter, Wärme und Kälte, Licht und Dunkelheit haben trotz luft- und wasserdichter Gebäude, Klimaanlagen und künstlichen Lichts eine Wirkung auf unser Gemüt, unser Denken und auch unser körperliches Wohlergehen und die Infektanfälligkeit. Besonders das Wetter und die dadurch entstehende Stimmung beeinflussen uns.

Ganz tief in sich spürt jeder Mensch die Verbundenheit mit den Elementen Feuer, Wasser, Luft und Erde und sehnt sich nach einem Leben in Einklang mit ihnen. Je bewusster wir die verschiedenen Abschnitte eines Jahres wahrnehmen und ihre Einflüsse erkennen, desto besser verstehen wir unsere eigene Gemütslage und unser Verhalten. Alles ist miteinander verbunden, und wir reagieren genauso wie die Tiere und Pflanzen auf die äußeren Bedingungen. Die einzelnen Phasen gehen sanft ineinander über, geben die Führung an die nächste Zeitqualität weiter und formen so den Jahreslauf.

Bevor ich, Antara, anfing, mich mit dem Thema Jahreskreis und seinen Auswirkungen auf uns Menschen zu beschäftigen, konnte ich meine Reaktionen häufig nicht einordnen. Ich hatte bestimmte Stimmungen und legte Verhaltensweisen an den Tag, die vermeintlich keine Ursache hatten. Mittlerweile, durch viele Jahre der Analyse und Beobachtung, verstehe ich die Einflüsse der Zyklen der Natur. An verschiedenen überlieferten Bauernregeln lässt sich erkennen, dass unsere Vorfahren die gleichen Empfindungen hatten und Beobachtungen machten.

Seit fast 30 Jahren achte ich nun die ursprünglichen Rhythmen und erkenne ihre Wirkung auf alles, was mich umgibt. Wenn irgendwie möglich, zelebriere ich zum Termin der höchsten Kraft jedes Jahresabschnittes ein kleines Ritual und stelle mich dadurch bewusst auf die Zeit ein. Zu erkennen, dass ich nicht einer höheren Macht ausgeliefert bin, sondern es einen größeren Sinn hat, wenn mich das Leben formt, hilft mir, Klarheit zu gewinnen, und animiert mich, dieses Wissen auch für meine naturmagische Arbeit zu nutzen. Wir wünschen uns, dass auch du deinen Weg findest, im Einklang mit den Zyklen des Jahreskreises zu leben und zu handeln, und so dich und deine Umwelt besser verstehst.

Alles hat seine eigene Schwingung, alles hat seinen Zweck, alles ist mit allem verbunden.

Blessed be – sei gesegnet!
Antara Reimann & Peter Eckel
Waltrop im Sommer 2023

Einführung

Zeit verstanden unsere Vorfahren als etwas Zyklisches: Der Mond, die Jahreszeiten und mit ihnen die Vegetation sowie das Leben jedes Einzelnen durchlaufen Phasen von Ruhe und Aktivität, Wachstum und Sammlung. Mit jedem Ende beginnt etwas Neues. Sie beobachteten, dass in jedem Zeitabschnitt im Laufe eines Jahres verschiedene Wachstums- und Entwicklungsphasen einsetzten, die aufeinander aufbauten und dem Menschen jeweils besondere Möglichkeiten und Ressourcen boten.

Dieses Wissen und der Umgang damit wurden bis in die heutige Zeit überliefert. Die weit verbreitete und als keltisch-germanischer Jahreskreis bekannte Systematik ist ein Zusammenschluss aus verschiedenen Traditionen. Sie zu beachten, wird dich mit Freude durch das Jahr begleiten.

Das Grundgerüst bilden die Phasen rund um die vier Mondfeste Samhain (November), Imbolc (Februar), Beltane (Mai) und Lammas (August), deren Ursprünge im keltischen und irischen Glaubenssystem liegen.

Unsere germanischen Vorfahren beachteten ebenfalls die Jahresabschnitte und feierten vier Feste, jedoch zu Ehren der Sonne. Die Daten wurden vom Sonnenstand bestimmt: Die Feste Yule (21. Dezember), Ostara (21. März), Litha (21. Juni) und Mabon (21. September) kennzeichnen die beiden Tagundnachtgleichen (Äquinoktien) im März und im September sowie die Sonnenwenden (den längsten Tag bzw. die längste Nacht) im Juni und im Dezember. Manchmal verschieben sich diese Termine um einen Tag, bedingt durch den realen Sonnenstand.

Gemeinsam ergeben sich die folgenden acht Phasen mit ihren Hochfesten und individuellen Themen:

Samhain – Zeit der Ahnen, Sterben und Vergehen, die dunkle Zeit
Yule – Geburt des Lichts, der Same wird gesetzt
Imbolc – Das Leben regt sich, »im Bauch entwickeln«, Kerzenweihe
Ostara – Neubeginn, Aufbruch
Beltane – Zeit der Vereinigung
Litha – Längster Tag, Höchststand der Lebenskraft
Lammas – Beginn der Ernte, Schnitterzeit
Mabon – Dank für eine gute Ernte

Regional entstanden nach und nach kulturelle Riten zu Ehren der natürlichen Wachstumsphasen und der entsprechenden Handlungen.

Im Zuge der zunehmenden Technisierung des Alltags und einer vermeintlichen Unabhängigkeit von der Natur geriet das Wissen um die Zyklen des Jahres in Vergessenheit. Doch das Interesse an den ursprünglichen Rhythmen und deren Auswirkungen auf das menschliche Leben steigt wieder, und seit Beginn des letzten Jahrhunderts beachten weltweit auch immer mehr Menschen neben den Mondfesten die Traditionen der Sonnenfeste. So verschmolzen diese acht Feste zu einem zusammengehörenden Jahreskreis, der symbolisch als ein Rad mit acht Speichen dargestellt wird. Er lässt den ewigen Kreislauf des Werdens und Vergehens erkennen. Wenn Menschen in diesem Bewusstsein leben, erhalten sie mehr Vertrauen in den Fluss des Daseins, Orientierung auf dem Lebensweg und Kraft für die Umsetzung ihrer Träume und Visionen.

Unsere europäischen Ahnen haben uns wenig Schriftliches hinterlassen. Daher ist vieles, was in der keltisch-germanischen Tradition wieder auflebt, erst durch eigenes Erleben neu geformt geworden. Doch auch, wenn nicht alle Riten bereits über viele Jahrhunderte so gelebt wurden, ergibt es doch einen Sinn, sich auf diese Weise den Schwingungen und Eigenheiten der jeweiligen Jahresabschnitte zu öffnen. Ein Gewahrwerden der natürlichen Abläufe ermöglicht einen harmonischen Zugang zum eigenen Sein. Richtest du dein Leben nach dem Jahreskreis aus, erfährst du dich als Teil des großen Ganzen. Du erkennst, wie du im Einklang mit den Gegebenheiten schwingst. Eine tiefe Einheit mit der Natur, Klarheit auf dem eigenen Weg und unerschütterliche Freude am Dasein erfüllen dich. Du findest Orientierung, empfängst inspirierende Impulse und schöpfst Vertrauen aus dem Gewebe des Seins – jeden Tag.

Rituale und das Feiern der Jahreskreisfeste geben Kraft und Ruhe, Struktur und den nötigen Halt in einer Zeit des Umbruchs und Wandels. Du begibst dich auf eine Reise ins eigene Innere, in die »Waldeinsamkeit« deiner Seele, jedoch auch in die Gemeinschaft, in die Identifikation mit der Gruppe.

Das Leben verläuft in einer auf- und absteigenden Wellenform mit Höhen und Tiefen. Im Abschnitt der Aufwärtsbewegung erstarkt die Kraft des jeweiligen Jahresabschnitts, bis das Maximum erreicht ist, die Hochzeit der Spanne. Diesen Moment kannst du rituell mit einem Fest begehen und so bewusst die jeweilige Zeitqualität würdigen. Dann schwillt die Kraft wieder ab, während der nächste Abschnitt langsam an Präsenz gewinnt und die nachfolgende Schwingung allmählich in den Vordergrund rückt. Genau zwischen zwei Hochzeiten wechselt der Fokus. Sanft zieht sich der gehende Part zurück, er ist abgeschlossen. Währenddessen beginnt sich die Energie des nächsten Jahreskreisabschnitts aufzubauen und formt die Entwicklung aller Lebewesen.

Ermittlung der Termine

Bei den Kelten der Antike und Spätantike galt generell die Phase des Vollmonds als eine heilige Zeit, weswegen sie ihre Feste vornehmlich zu diesem Zeitpunkt begingen.

Diese kraftvollen Mondfeste sind Samhain, Imbolc, Beltane und Lammas. Die Termine wechseln in jedem Kalenderjahr je nach Mondstand. Im letzten Jahrhundert wurde das System jedoch von den Gründern der

Wicca-Gemeinschaft vereinfacht. Dafür wurden diese Hochzeiten jeweils fest auf den 1. Tag der Monate November, Februar, Mai und August gelegt. Doch dadurch weichen die Feste häufig weit von den traditionell ermittelten Terminen ab und schwingen nicht mehr im Rhythmus des Vollmonds. Willst du wirklich im Einklang mit den natürlichen Abläufen leben, so betrachte zum Ende des Kalenderjahres die Vollmonde des nächsten Jahres und errechne die neuen Mondfesttermine. So bist du sicher, genau die unterstützende Energie in deinen Ritualen zu erhalten, die die jeweilige Hochzeit auszeichnet.

Die Termine werden wie folgt ermittelt:

Samhain	Beginn des Winterhalbjahres und Neujahr der Hexen 11. Neumond im Kalenderjahr Suche im Kalender des auslaufenden Jahres den 11. Neumond. Dies ist der Beginn des Mondjahres.
Yule	Wintersonnenwende, 21. oder 22.12.
Imbolc	2. Vollmond nach der Wintersonnenwende
Ostara	Frühlingstagundnachtgleiche, 20. oder 21.03.
Beltane	Beginn des Sommerhalbjahres, 5. Vollmond nach der Wintersonnenwende
Litha	Sommersonnenwende, 20. oder 21.06.
Lammas	8. Vollmond nach der Wintersonnenwende
Mabon	Herbsttagundnachtgleiche, 22. oder 23.09.

Bestandteile eines Rituals

Grundsätzlich kannst du ein Ritual ganz nach deinen Wünschen und Ideen gestalten. Sei frei, und folge deiner inneren Stimme. Die in diesem Buch zu jedem Fest aufgeführten Rituale sind Beispiele, wie du die Einflüsse während der acht Phasen wirksam nutzen kannst. Lasse dich durch unsere Tipps und Beschreibungen inspirieren, und kreiere deine eigenen Bräuche, angepasst an die Energien der einzelnen Jahresabschnitte.

Die Meditationen eignen sich auch als Gruppenerlebnisse. Es macht Freude, solch eine Erfahrung mit anderen Interessierten gemeinsam zu zelebrieren. Du solltest im Vorfeld allerdings erklären, worum es geht, und darum bitten, dass alle sich darauf einstimmen.

Es gibt ein paar Anregungen zum Ablauf, die sich bewährt haben und die wir dir ans Herz legen wollen.*

1. Zu jedem Ritual gibt es ein Getränk und eine passende Speise. Dabei geht es nicht darum, ein großes Festmahl auszurichten, es ist eher eine symbolische Geste der Dankbarkeit. Als Gäste werden Wesen aus der Geistigen Welt eingeladen, und diese werden höflich willkommen geheißen und bedient.
2. Der Platz wird physisch gereinigt. Das bedeutet, du staubsaugst oder fegst den Raum, wenn das Ritual drinnen stattfindet, oder räumst Äste und möglichen Unrat beiseite für Rituale in der Natur.
3. Bestimme die Mitte, einen Bereich im Zentrum des Raumes, der besonders geschmückt werden soll. Hierfür kannst du ein Tuch in einer zum Anlass passenden Farbe wählen. Diese Mitte dient der Fokussierung und als Altar für die Gegenstände, die die Energie des Rituals besonders aufbauen können: Kerzen, Pflanzen, Kräuter, Früchte und alles Weitere, was die Aufgaben repräsentiert und die Arbeit unterstützt.

* Weiterführende Informationen zum Einsatz von Ritualgegenständen und Altären findest du im Buch »Kraftplätze für deine Seele« von Antara Reimann, Schirner Verlag 2021.

4. Der Ort, an dem das Ritual stattfinden soll, wird vorab mit einer Reinigungsräucherung (z. B. Beifuß, Salbei, Harzen und Lorbeerblatt) geklärt. Anschließend wird auch die Aura jeder teilnehmenden Person damit geräuchert. Denke auch an dich!
5. Errichte einen heiligen Raum, in dem das Ritual stattfinden wird. Dies geschieht energetisch kraft der Imagination oder auch durch das Legen eines Kreises aus Reisig oder Blättern. Gib hierbei mit eigenen Worten die klare Anweisung, dass sich dieser Raum errichtet und stehen bleibt, bis er zum Ende wieder aufgelöst wird.
6. Rufe deine eigenen Schutz- und Helferwesen mit der Bitte hinzu, dein Ritual zu unterstützen.
7. Dann führst du die geplanten Handlungen durch.
8. Danke anschließend der Geistigen Welt und deinen Helferwesen. Stelle als Geschenk für sie einen Teil der Ritualspeise und des Getränkes auf den Altar, um sie mit ihnen zu teilen. Du kannst den geistigen Schutzwesen auch mit passenden Liedern für ihre Begleitung danken. Dies unterstützt die Stimmung und gestaltet das Ritual auf lebendige Weise mit.
9. Löse den heiligen Raum auf, und entlasse die feinstofflichen Wesen.

Und jetzt lasse dich auf den Tanz des Lebens ein, und begib dich auf die spannende Reise durch den Jahreskreis!

Samhain

Ich bin der Atem der Dunkelheit.
Ich bin der Schutz für die Schlafenden zwischen den Welten.
Ich bin Ende und Anfang, Tod und Neugeburt.
Fühle, wie ich aufnehme, was gestorben ist, und bewahre, was kommen will.
Ich bin die Zeit zwischen den Zyklen.
Ich bin der Kessel der Transformation.
Öffne dich, und übergib mir alles, was erledigt ist.
Ich bin das alte Wissen um die Gnade der Endlichkeit.
Ich bin die Erinnerung an das, was gegangen ist.
Fühle die Stille zwischen meinen Atemzügen.
Gib dich ihr hin, und ruhe dich aus, bis der neue Morgen kommt.

Samhain (gesprochen »Saw:in«) ist ein keltisches Mondfest. Für die Kelten begann alles aus dem Nichts heraus. Damit etwas Neues entstehen konnte, musste das Alte gehen. Samhain gilt als das Totenfest und steht für das Neujahr, den Jahresanfang. Es läutete das Winterhalbjahr ein und ist nach Lammas und Mabon das dritte und letzte Erntefest. Alles, was noch zum Ernten übrig ist, wird jetzt gesammelt. Der Rest bleibt für die Tiere und Naturwesen stehen.

Unterstützende Aspekte

Traditioneller Bezug	Ahnenkraft, keltisches Neujahr
Zeitschwingung	Tod und Sterben, Übergang, Neubeginn, Loslassen, Freigeben, Reflexion, Orakeln
Zeitpunkt der höchsten Energie	am 11. Neumond des Jahres, entspricht dem Neumond um den 31.10.
Planetarisch	Mondfest
Naturentsprechungen	Stürme und Gewitter
Hüterinnen der Zeit/Göttinnen	Morrigan, Freya, Cerridwen
Hüter der Zeit/Götter	Saman (keltischer Gott des Todes), Stechpalmenkönig
Symbole	Kessel der Wandlung, Rübe

Runen	OTHALA, NAUDHIZ
Farben	Schwarz, Grau
Pflanzen	Alraune, Apfel, Brombeere, Eibe, Estragon, Hagebutte, Immergrün, Kastanie, Kürbis, Pilze, Rübe, Weißdorn
Tiere	Rabe, Schlange
Mineralien	Bergkristall, Calcit, Howlith, Jaspis, Obsidian, Opal, Pyrit, Rauchquarz
Räucherwerk	Reinigungsräucherung, z. B. Beifuß, Kampfer, Lorbeer, Rosmarin, Salbei, Teufelsdreck, Weihrauch, Wüstensalbei
Rituelle Speisen	Apfel, Totenbrot, Hexenfinger, Runkelrübensuppe
Rituelle Getränke	warmer Apfelpunsch, Met, Schwellenhütertrunk

Die Göttinnen und Götter

Morrigan ist die keltische Göttin des Krieges und des Todes, der Hoffnung und der Eigenständigkeit. Sie ist eine Gestaltwandlerin und kann als Rabe, Krähe, Wolf oder Mensch erscheinen. Dank ihrer Hellsichtigkeit kennt sie den Ausgang einer Schlacht bereits, bevor sie beginnt. So weiß sie auch immer, wer siegt und somit weiterlebt und wer in Walhalla, der Halle der Helden, einziehen wird. Sie ist eine mächtige Frau, die mit ihrer Magie die Naturkräfte beeinflussen und Kriegern helfen oder diese bekämpfen kann. Sie gilt als die große Königin unter den Göttinnen. Manchmal wird sie als dreifache Göttin gesehen: als blühende, junge Fruchtbarkeitsgöttin, als Muttergöttin und als greise Todesgöttin.

Freya ist die nordische Göttin der Liebe, Schönheit und Fruchtbarkeit. Gleichzeitig ist sie auch eine Kriegsgöttin, die mit Tod und Magie arbeitet. Sie führt die Walküren an, einen Kriegerinnenstamm, der die getöteten Helden für Walhalla auswählt. Freya beherrscht sowohl Seiðr als auch Galdr (die Lehre der Runen und der Wahrsagerei sowie die der Zaubersprüche). Man kann diese Göttin gut an ihrem Wagen erkennen, der von zwei Katzen gezogen wird, und an ihrem Umhang aus Falkenfedern, der es ihr ermöglicht, zu fliegen.

Cerridwen ist die keltische Göttin der Verwandlung, der Wiedergeburt, der Inspiration und der Poesie. Sie hütet den Kessel von Awen, die Quelle göttlicher Weisheit und Kreativität. Wenn du dich aus diesem Kessel bedienst, erhältst du Erkenntnis über die Zusammenhänge von Vergangenheit, Gegenwart und Zukunft. Cerridwen ist ebenfalls eine Gestaltwandlerin, die die Form von verschiedenen Tieren und Menschen annehmen kann. Sie ist die Personifizierung der Weissagung und des Wissens, und wegen der Fähigkeit, sich immer wieder zu verwandeln, deckt sie auf, wann es Zeit für eine Transformation ist.

Der Stechpalmenkönig, der Gott des Todes, ist in der keltischen Überlieferung auch unter dem Namen Saman bekannt. Er herrscht über die dunkle Hälfte des Jahres von Samhain bis Beltane und bringt Kälte, Dunkelheit und Tod mit sich. Jedoch ist er nicht nur ein grausamer und furchterregender Gott, sondern auch der Beschützer der Seelen, die in die Anderswelt übertreten. Er sorgt dafür, dass der Kreislauf des Lebens und Sterbens erhalten bleibt, und erneuert die Natur durch seinen Kampf mit dem Eichenkönig, dem Gott des Lebens und des Lichts. Saman ist einer der ältesten und mächtigsten Götter des keltischen Pantheon. Sein Name bedeutet »der Sommerender« oder »der Versammler«, da er die Seelen der Verstorbenen zu sich ruft. Oft wird er mit einem schwarzen Umhang und einem Stechpalmenzweig oder -stab dargestellt. Die Tiere, besonders die Hirsche, wirken als seine Boten. Er ist mit Morrigan, der Göttin des Krieges und des Schicksals, verheiratet, sie bilden ein Paar voller Gegensätze, aber auch mit gleichen Wesenszügen.

OTHALA – Ahnenkraft, Wurzeln, Abstammung, Erbe
In Zeiten großer Not erinnern wir uns unserer Wurzeln. Was haben wir aus unserer Ahnenlinie mitgenommen, was haben wir von unseren Vorfahren gelernt? OTHALA zeigt auf, welche Stärken du von deiner Familie bekommen hast. Das umfasst zum einen physische Hinterlassenschaften wie Möbel, Haus oder Hof. Zum anderen weist die Rune dich darauf hin, wie deine Ahnen die dunkle Zeit in Zusammenarbeit mit den geistigen Kräften überstehen konnten. Erkenne das Potenzial des Wissens, das dir überliefert wurde und das dir eine gute Führung sein kann.

NAUDHIZ – Wendung, Bedürftigkeit, Hilfe in der Not
Aus Not und Mangel heraus entsteht die Bereitschaft zur Veränderung. Und doch fällt es in der dunklen, rauen Jahreszeit schwer, sich der Situation zu stellen. Es ist einfacher, den Kopf in den Sand zu stecken und zu hoffen, dass sich Probleme von selbst lösen. Doch die Rune NAUDHIZ legt so lange den Finger in die Wunde, bis du zur Bewegung und damit Entwicklung bereit bist. Stelle dich den täglichen Herausforderungen, und wachse über dich hinaus. Sei gewiss, dass die Runenkräfte dich nie hängen lassen, solange du die Verantwortung für dein Leben übernimmst. Jetzt, zur Samhainzeit, zeigt sich deine Bedürftigkeit besonders. Rufe die Drei Nornen, die Hüterinnen der Runenkräfte, und bitte sie um Hilfe. Öffne dich allem, was kommen mag. Größtmögliche Unterstützung wird für dich bereitstehen. Möglicherweise ist der Weg anders, als es sich dein Ego vorstellt. Doch sei dir sicher: Es ist der für dich richtige Weg.

Die Natur im Jahreskreis

Es rüttelt und schüttelt überall in der Natur. Die Winde fegen durch die Äste der Bäume und Sträucher und reißen auch das letzte verdorrte Blatt ab. Alles ist kahl, und die Pflanzen ziehen ihre Säfte in die Wurzeln zurück. Die Tiere sind entweder in wärmere Quartiere umgezogen oder, wenn das nicht möglich ist, beginnen ihren Winterschlaf. Die wenigen Tiere, die in unseren Breiten überwintern, haben Vorräte angelegt, die sie über die dunkle und magere Zeit bringen. Wer nicht genug vorgesorgt hat, wird nur schwer durch den Winter kommen. Es braucht ein dickes Fell und eine warme Höhle, um sich vor der Kälte zu schützen. Die karge Zeit übernimmt die Herrschaft, und der Tod greift um sich. Rückzug und Abschied schwingt in allem. Die Tage werden immer dunkler. Es gibt nur noch wenige Sonnenstunden, und die Kälte breitet sich aus. Der unwirtliche Spätherbst hat Einzug gehalten.

Traditionelles

Die Zeit um Samhain Anfang November war für unsere Vorfahren die Phase, in der das alte Jahr abgeschlossen und das neue eingeläutet wurde. Was bis jetzt nicht erledigt worden war, brauchte noch etwas Zeit. Manches Projekt und manche Arbeit musste sogar bis ins Frühjahr warten, um weiterbetrieben zu werden.

Für die Menschen und die Natur begann die dunkle Zeit. Die Vegetation zog sich jetzt größtenteils zurück, das Wachstum war auf ein Minimum beschränkt und schaltete auf Überlebensmodus und Winterschlaf. Der Tod und die Endlichkeit rückten ins Bewusstsein.

Um die langen, teilweise schneereichen und harten Winter zu überstehen, musste im Herbst ausreichend Nahrung für Mensch und Tier getrocknet, eingemacht oder anders konserviert werden. Unter Umständen waren die Gehöfte oder Siedlungen über mehrere Wochen von der Außenwelt abgeschnitten, und die Fähigkeit zur Selbstversorgung war überlebenswichtig. Zu Samhain berieten die erfahrenen Familienmitglieder, welche Tiere mit der eingelagerten Futtermenge über den Winter zu bekommen waren. Das übrige Vieh wurde geschlachtet und weiterverarbeitet.

Unsere Ahnen waren sich ihrer Abhängigkeit von der Natur, von Pflanzen und Tieren, sehr bewusst. In der Zeit um Samhain war der Tod allgegenwärtig. Überall in Fauna und Flora waren der Rückzug und das Sterben zu sehen und zu spüren. Es war die Zeit der Innenschau und des Rückblicks. Da man sich durch die naturgebundenen Rhythmen mit der Endlichkeit beschäftigte, war die Erinnerung an die verstorbenen Familienmitglieder ebenfalls intensiver als während der sommerlichen, aktiven Schaffensphase.

Zu Samhain kamen aus allen Richtungen die Wanderarbeiter und Erntehelfer zurück nach Hause. Die Häuser wurden geputzt und aufgeräumt, alte und nicht mehr benötigte Dinge entsorgt, alle Rechnungen bezahlt und mögliche Schulden beglichen. Alles Alte sollte erledigt sein, bevor das Jahr zu Ende ging und damit auch ein Zyklus. Die zu Beltane versprochenen

Hochzeiten konnten nun endlich vollzogen werden. Die Vorratskammern waren gefüllt, und es war Zeit für eine Pause. Am Ende der Arbeit wurde zu Samhain ein großes Fest gefeiert, bei dem sich jeder noch einmal richtig satt essen und die Fülle genießen konnte. Den Naturwesen wurde ein Teller mit dem Besten, was aufgetragen werden konnte, und ein Getränk nach draußen gestellt. Man dankte ihnen damit für die Unterstützung während des Jahres.

Für die Verstorbenen wurde am Tisch ein Gedeck mehr aufgelegt, sodass sie im Kreise der Familie präsent waren. Auch heute noch werden zu Allerheiligen und Allerseelen, den christlichen Feiertagen rund um Samhain, Kerzen und Kränze auf den Gräbern platziert. Die Menschen gedenken damit ihrer Vorfahren und erinnern sich daran, welchen Platz diese einmal in ihrem Leben hatten. Ihnen wird bewusst, auf welchen Spuren sie selbst sich entwickeln und was sie übernommen haben.

Rituelles und Symbolisches

Durch die verstärkte Beachtung der Toten wird dem jenseitigen Reich sehr viel Raum gegeben. Die Grenzen sind in der Zeit rund um Samhain durchlässiger und die Einflüsse aus den Andersreichen intensiver spürbar. Bei der Vorbereitung jeder Zeremonie sollte vorher Kontakt zur Geistigen Welt aufgenommen werden, um zu erfahren, welche Zeitqualität, welcher Aspekt gerade hervorgehoben werden möchte und was außerdem zu beachten ist. Dies gilt im Besonderen für die Zeit um Samhain. Durch Rituale können sich Wesenheiten aus anderen Reichen angezogen fühlen, und der Übergang in unsere Welt fällt ihnen leicht. Eine gute Einstimmung bewahrt uns vor ungewollten Ergebnissen und unliebsamen Überraschungen. Am Vollmond vor Samhain kann deswegen zu folgenden Fragen um eine Vision gebeten werden: »Welche Qualität wirkt in dieser Samhainzeit, was gilt es zu beachten, und wie soll ich mich/sollen wir uns vorbereiten?«

Bis hierher sind Mutter Erde, die Hüterin, und der Sonnengott oder Eichenkönig, der Hüter der Zeiten im Jahreslauf, vereint gegangen. Die Sonne hat Mutter Erde die Kraft geschenkt, Nahrung zu erschaffen und Entwicklung zu ermöglichen. Zu Samhain trennen sich die beiden, und der Eichenkönig geht in die Unterwelt, um sich dort nach dem Kampf gegen seinen Bruder, den Stechpalmenkönig, zu regenerieren. Das immerwährende Ringen zwischen Wachsen und Vergehen schafft Raum für Erneuerung. Während der dunklen Zeit wacht Mutter Erde über die Natur und uns Menschen und bereitet den Schoß vor, aus dem das Licht neu geboren werden wird.

Morrigan, die Kriegsgöttin, geht auf die Suche nach Sterbenden, um sie in das Reich des Todes hinüberzugeleiten. Sie wandert über die Schlachtfelder, damit niemand vergessen wird und zwischen den Welten hängen bleibt. Auch wenn dieser Dienst notwendig und liebevoll war, hatten unsere Vorfahren Angst vor Morrigans Energie. Um sich vor ihr und dem dunklen Tross ihrer Helfer zu schützen, stellten sie ausgehöhlte Rüben vor die Haustür, für jedes Kind eine. In diese Rüben wurden grausige Gesichter geschnitzt und mit Kerzen von innen erhellt, um die Geister der Nacht zu erschrecken und vom Haus abzuhalten. Dieser alte Brauch wurde immer mehr vom amerikanischen Halloween überlagert, bei dem orange leuchtende Kürbisse anstelle von Rüben benutzt werden.

Als eine Zeit des Übergangs eignet sich die Samhainzeit besonders gut für das Orakeln. Die neue Jahresrune oder auch die Runen für den ganzen Jahreskreis können ermittelt und betrachtet werden. Dies kannst du wunderbar in ein passendes Ritual einbetten. In der Anderswelt existieren Vergangenheit, Gegenwart und Zukunft gleichzeitig, es gibt keine Trennung zwischen den Realitäten. Wenn die Grenze zur Anderswelt durchlässig ist, hören wir die an uns gerichteten Botschaften deutlicher als zu anderen Zeiten. Daher ist es uns möglich, ein Gespür für die Botschaften aus der Zukunft zu entwickeln.

Meditation

Auf dich selbst zurückgeworfen, erlebst du deine menschlichen Wurzeln und die Verbindung zu deinen Ahnen. Wie hast du vorgesorgt, um diese dunkle und unfruchtbare Zeit zu überstehen? Was dient dir als Nahrung? Was haben dich deine Ahnen gelehrt? Welche Rituale kannst du begehen?

Reflexion und Rückzug sind jetzt angesagt. Sobald du das Alte abgeschlossen hast, bist du offen für die nächsten Entwicklungsschritte. In dieser besonderen Zeit der Dunkelheit sind die Grenzen zu den geistigen Reichen offen, und kraftvolle Visionen sind möglich. In den folgenden Minuten kannst du diese Aspekte vertiefen und dich auf die kommenden Herausforderungen vorbereiten.

Begib dich an einen ruhigen Ort, an dem du ungestört bist. Zünde eine Kerze an, und stelle sie vor dir auf. Sorge dafür, dass sie sicher steht. Die Kerze symbolisiert das Feuer, das die Kelten an Samhain entzündeten, um die Dunkelheit zu erhellen und die bösen Geister abzuwehren. Schließe deine Augen, und atme tief ein und aus.

Spüre, wie du dich mit jedem Atemzug mehr entspannst und in deine Mitte kommst. Du gehst mit der Aufmerksamkeit tiefer zu deinen Wurzeln. Sprich zu dir selbst: »Ich bin bereit, mich bewusst mit meiner Ahnenlinie zu verbinden.«

Stelle dir nun vor, wie du auf einer Waldlichtung an einem alten Steinkreis stehst. In seiner Mitte brennt ein Feuer. Es ist Nacht, und der Himmel ist voller Sterne. Du hörst das Rauschen des Windes und das Knistern der Flammen.

Gehe langsam auf das Feuer zu, und spüre seine Wärme. Es ist ein Tor, das dir den Zutritt zur anderen Welt ermöglicht, dem Reich, in dem die Ahnen und die Geister wohnen. Bereite dich darauf vor, ihnen Fragen zu stellen oder sie um Rat zu bitten.

Wenn du so weit bist, teilt sich das Feuer und erlaubt dir, hindurchzuschreiten. Betritt die andere Welt. Schaue dich in Ruhe um. Nimm mit allen Sinnen wahr, wo du dich befindest.

In einiger Entfernung siehst du einen Berg mit einem Höhleneingang, der von oben halb von den überhängenden Gesteinsplatten verdeckt ist. Die Höhle wirkt sehr einladend auf dich, gehe auf sie zu. Ein Flackern im Innern der Höhle weckt deine Aufmerksamkeit.

Du bist am Eingang angekommen, und nachdem sich deine Augen an das Dämmerlicht gewöhnt haben, bemerkst du, dass die Höhle wie ein langer Schlauch geformt ist. Du betrittst sie und folgst dem natürlichen Weg durch den Felsen. Möglicherweise begegnest du auf dem Weg tiefer in die Höhle hinein einem deiner Ahnen oder geistigen Führer. Er wird dir eine Botschaft übermitteln oder dir etwas zeigen. Sei aufmerksam.

Begib dich nun noch tiefer in diesen magischen Raum. Am Ende des Ganges findest du einen großen Kessel, der auf drei Beinen über einem Feuer steht, und du weißt instinktiv, dass es sich um den Kessel der Wandlung der Göttin Cerridwen handelt. Still bleibst du davor stehen und betrachtest ihn eingehend.

Dieser Kessel symbolisiert deine Fähigkeit, dich zu verändern und zu erneuern. Du kannst alles hineinwerfen, was du loslassen möchtest: alte Muster, Ängste, Sorgen, Streit, Schmerzen oder Trauer. Negative werden in aufbauende und schöne Energien verwandelt. Lasse dich von der Energie des Kessels durchströmen, und spüre, wie du dich von allem befreist, was dich belastet. Gib aus dem alten Jahr das ab, was unnötig ist.

Anschließend kannst du aus dem Kessel etwas Neues schöpfen: eine Vision, eine Absicht, eine Kraft oder eine Botschaft. Lasse dich überraschen, was er dir schenkt. Schaue auf einen fixen Punkt im Kessel, und lasse die Bilder und Emotionen auf dich wirken. Nimm dir die Zeit, die du benötigst.

Bleibe so lange in der Höhle, wie du willst. Wenn du zurückkehren möchtest, bedanke dich bei den Wesen, die du getroffen hast, und tritt wieder durch das Feuer hindurch in den Steinkreis.

Öffne deine Augen, und nimm deine Umgebung wahr. Spüre, wie erfrischt und gestärkt du dich fühlst. Lösche die Kerze, und beende die Meditation.

Du bist nun mit deinen Wurzeln verbunden, deine Intuition ist geschärft, und du hast dich auf den Winter eingestimmt.

Ritual zu Samhain

Zu Samhain wird weltweit der Toten gedacht. Auf vielfältige Art und Weise wird eine besondere Atmosphäre geschaffen, in der man den Verstorbenen begegnen kann. In Mexiko wird der »Día de los Muertos« gefeiert, ein ausgelassenes Familienfest, zu dem die Seelen der Verstorbenen für einen Tag nach Hause zurückkehren und sich alle freuen, einander wiederzubegegnen. Die Lebenden errichten Altäre mit Erinnerungsstücken und tauschen sich in vielen persönlichen Geschichten über die aus, die bereits vorgegangen sind. »Nur der ist wahrlich gestorben, der in Vergessenheit gerät«, sagt ein alter Volksglaube. In unseren Regionen werden die Toten auf den Friedhöfen besucht und bekommen ein Licht angezündet.

Errichte auch du in dieser Zeit einen Kraftplatz für die Erinnerung an deine Vorfahren. Deine spirituellen Lehrer oder über Herzensbande verbundene Verstorbene gehören ebenfalls zu deiner Ahnenlinie. Wenn du ihnen einen Platz in deinem Leben einräumst, wirst du immer mit ihnen verbunden sein, und ihr Rat und ihr Vorbild werden weiterhin positiv auf dich wirken.

Mache dir bewusst, dass du mit dem Geist, dem Spirit des jeweiligen Ahnen, Kontakt aufnimmst. Es ist nicht die Seele des Verstorbenen, sondern ein spirituell-geistiges Abbild, das diese Person im Laufe ihres Lebens und Wirkens in das alles verbindende Netz geprägt hat.

Ein Ahnenaltar kann draußen in der Natur oder an einem Ort bei dir zu Hause errichtet werden, an dem du dich gern aufhältst. Ob du einen opulenten Tisch dafür nutzt oder ein einfaches, kleines Regal, wird die Wirkung nicht verändern, solange du ihn ehrst. Als Tuch eignet sich ein leichter, feiner Stoff, der die sphärische, zarte Seite der Ahnenverbindung widerspiegelt. Entweder wählst du Schwarz, Grau oder die Lieblingsfarbe deiner Ahnen. Stelle eine Kerze hinzu, damit sich die Verstorbenen angezogen fühlen, und als Zeichen für die Lebendigkeit. Hast du kleine Erinnerungsstücke, die dich mit deinen Ahnen verbinden, so verteile sie auf dem Altar.

Lasse diesen Altar, diesen Kraftort der Ahnen, während der gesamten Samhainzeit für dich wirken. Nimm dir Momente, die du mit deinen Ahnen verbringen kannst. Setze dich hin und wieder an diesen Platz, und meditiere über die besondere Verbindung mit ihnen. Lasse ihren Rat zu dir kommen, und genieße diese Auszeit. Erkenne dich selbst in deinen Wurzeln wieder.

Am Tag der höchsten Kraft von Samhain, am 11. Neumond des Jahres, kannst du ganz besonders auf die Geschenke dieses Jahreskreisfestes eingehen. Nutze den Tag allein oder im Kreise von interessierten Menschen, um Samhain zu zelebrieren.

Das Mahl

Besorge dir eine Runkelrübe, und höhle sie aus. Du kannst aus ihr das »Geisterlicht« formen, mit dem du deine Ahnen anlockst und ungewollte Wesen abschreckst, indem du eine Grimasse hineinschneidest. Mit einem Teelicht vor die Haustür gestellt, erzielt die Rübe den gewünschten Effekt. Aus dem Fleisch der Rübe kochst du eine Suppe. Die Zutaten reichen für zwei Portionen.

Runkelrübensuppe

Zutaten

- Fleisch 1 Runkelrübe
- 1 Möhre
- 1 Lauchstange
- 1 große Kartoffel
- 1 Lorbeerblatt
- 2 Wacholderbeeren
- 1 Blatt Liebstöckel
- 1 l Gemüsebrühe
- 1 mittelgroße Zwiebel
- 1 Handvoll getrockneter oder tiefgefrorener Bärlauch
- 1 gehäufter EL Butter
- 1 EL Mehl
- 150 g Crème fraîche
- Salz und Pfeffer

Zubereitung

Alles Gemüse bis auf die Zwiebel mundgerecht würfeln und mit den Gewürzen in der Gemüsebrühe gar kochen. Das Gemüse abgießen und die Brühe auffangen.

Die Zwiebel fein würfeln und den Bärlauch ggf. hacken. Beides in der Butter andünsten. Das Mehl darüberstreuen und unterrühren. Die Masse klumpt ein wenig, das ist normal. Portionsweise die Brühe unterrühren, sodass die Masse wieder glatt wird. Jetzt das gekochte Gemüse hinzugeben, umrühren und alles noch einmal kurz aufkochen lassen. Zum Schluss die Crème fraîche hinzufügen und die Suppe mit Salz und Pfeffer abschmecken.

Es handelt sich um eine echte Wintersuppe. Wenn du Fleisch magst, kannst du vor dem letzten Aufkochen noch Wurstscheiben oder Schinkenwürfel untermischen.

Das Getränk

Für Samhain eignen sich vor allem würzige Getränke. Eine Mischung aus Beeren, Trauben und Äpfeln ergibt einen mundenden Ritualtrunk. Damit sich alles gut verbindet, sollte er einen Tag vor dem Ritual angesetzt werden.

Samhain-Gewürzbowle (alkoholfrei)

Zutaten

- Holunderbeersaft
- Apfelsaft, naturtrüb
- Schwarze-Johannisbeeren-Saft
- Traubensaft

Pro Liter fertiger Saft:

- ca. 13 cm langes Stück frischer Ingwer
- 5 Kardamomkapseln
- ½ TL Zitronenschale
- ½ TL Orangenschale
- ½ TL Kurkuma
- ½ TL Zimt
- 2 EL Honig

Zubereitung

Alle Säfte zu gleichen Teilen in ein Gefäß geben.

Ingwer in dünne Streifen schneiden, Kardamomkapseln mit einem Messer platt drücken. Alle Gewürze in den Saft geben. Gut umrühren und einen Tag stehen lassen. Vor dem Ritual durch ein Sieb in eine schöne Flasche oder einen Krug abfüllen.

Vorbereitung

Setze das Ritualgetränk einen Tag vorher an, damit die Gewürze durchziehen können. Bereite das Mahl vor. Auch dieses kannst du gut vorkochen und später aufwärmen.

Spätestens jetzt solltest du einen Altar zur bewussten Verbindung mit deinen Ahnen errichten. Wähle Gegenstände, die dich bei diesem Ritual unterstützen sollen, und stelle sie auf deinen Altar.

Du benötigst:

- 1 Stift
- 2 Blatt Papier
- 1 Schere
- 1 Kerze mit feuerfestem Untersetzer
- Räucherwerk: Beifuß, Rosmarin, Lorbeer (mindestens eines davon, es müssen nicht alle sein)
- 1 feuerfeste Räucherschale, mit Sand gefüllt
- Räucherkohle
- Streichhölzer
- 1 Standspiegel, in dem du deinen Kopf und Oberkörper sehen kannst, wenn du am Altar sitzt

Ablauf

Nutze die Energie der Veränderung während der Zeit um Samhain für deine eigene Transformation. Ziel kann sein, dass du dich selbst in deinen Wurzeln wiederfindest und anerkennst, was dich persönlich ausmacht.

Setze dich bequem an deinen Altar, und lege den Stift und die beiden Blätter nebeneinander vor dich hin. Atme ruhig, und sammle dich. Genieße den Moment, in dem du ganz bei dir sein kannst. Reinige deinen Altar und auch dich mit dem Räucherwerk.

Entzünde danach die Kerze, und rufe in Gedanken oder auch laut deine Ahnen, die heute bereit sind, zu dir zu kommen, oder mit denen du gern Kontakt hättest. Lasse sie nacheinander vor deinem inneren Auge erscheinen und Erinnerungen an sie aufsteigen. Vergegenwärtige dir gemeinsame Zeiten, in denen ihr gespielt, gefeiert oder euch unterhalten habt. Woran erinnerst du dich? Es dürfen positive und auch negative Erlebnisse sein. Vergleiche dich mit diesem Ahn. Bist du ihm ähnlich? Erkennst du sein Verhalten oder seine Reaktionen in dir wieder? Hast du dir etwas »abgeschaut«? Gefällt dir, was du beobachtest, dann schreibe es auf das rechte Blatt. Lehnst du es ab, so schreibe es auf das linke Blatt. Sprich mit deinem Ahn, stelle Fragen, und teile dich mit. Tauscht euch aus. Bewerte nichts, betrachte und notiere es einfach. Ist alles gesagt, bedanke dich und entlasse den Ahn, um Platz für die nächste Person zu machen. Verfahre auf diese Weise, bis alles mit jedem Ahn besprochen ist.

Rufe nun die Göttin Morrigan. Bitte sie, alles, was du abgeben willst, zu übernehmen und dich beim Loslassen zu unterstützen. Schneide das linke Blatt, das deine ungeliebten Eigenschaften enthält, in Streifen mit je einem einzelnen Punkt darauf. Lies dir das Geschriebene laut vor, und weise an, dass alles, was sich bei dir angehaftet hat, aufgelöst wird. Zünde den Papierstreifen an, und lege ihn in die Feuerschale. Sei dir sicher, dass sich durch das Verbrennen auch dein Verhalten verändert. Atme bewusst alles aus, und übergib es dem Feuer.

Ist alles verbrannt, stelle den Spiegel so vor dir auf, dass du dein Gesicht und deinen Oberkörper gut darin sehen kannst. Rufe den Stechpalmenkönig, der in der Samhainzeit die Natur hütet. Bitte ihn, das Gute in dir zu schützen. Nimm nun das Blatt in die Hand, auf dem du die positiven Eigenschaften und Verhaltensweisen notiert hast. Betrachte dein Spiegelbild, und lies laut den ersten Aspekt vor. Fühle, an welcher Stelle in deinem Energiesystem diese wunderbare Qualität zu finden ist. Atme bewusst an diese Stelle, und schaue dir dabei in die Augen. Verfahre auf diese Weise mit jedem Punkt auf dem Zettel. Erlebe, wie dir deine Eigenschaften bewusst werden. Atme tief ein und aus, und gib deinen positiven Charakterzügen, die du von deinen Ahnen übernommen hast, Raum, zu wirken. Lasse dieses Gefühl noch etwas nachschwingen.

Danke zum Schluss deinen Vorfahren für ihr Kommen und die Klarheit, die du erhalten hast. Bedanke dich auch bei Morrigan und dem Stechpalmenkönig für ihre Kraft.

Stelle etwas von der Ritualspeise und dem Getränk an den Platz deiner Ahnen. Nimm erst dann eine Portion für dich, und genieße deinen Erfolg. Lasse sich dieses Gefühl ausbreiten.

Entlasse deine Ahnen bewusst in die Anderswelt. Lösche als Zeichen des Endes deines Rituals die Kerze.

Wisse, dass sich nach dem Ritual die Samhainkraft bis zum Ende des Monats November immer mehr abbaut und der aufsteigenden Yulekraft den Raum überlässt.

Yule

Fühle in dir die Stille – meine Stille.
Ich bin das Ende des Sterbens und die Zeit des Nichts.
Ich bin der Abschnitt zwischen Tod und Wiedergeburt.
Ich bin die dunkelste Sekunde, der Moment der größten Stille.
Ich bin die Hüterin der Welt zwischen den Zeiten.
Und doch bringe ich das Licht.
Ich bin die alchemistische Transformation des Auf-die-Welt-Kommens.
Ich bin die Hoffnung auf die Wiedergeburt.
Durch mich entsteht der Mut für den Neuanfang.
Freue dich mit mir.
Ich bringe das Leben.

Ab Ende November übernimmt ganz zart die **Yulezeit** das Regiment. Nach der nasskalten und stürmischen Samhainzeit lässt der Frost alles innehalten. Der dunkelste Abschnitt des Jahres ist erreicht. Die fast völlige Abwesenheit von Tageslicht wirkt lähmend auf uns Menschen. Die Außenaktivitäten sind auf ein Minimum reduziert. Wir sehnen uns nach Licht, nach Geselligkeit. Mit jedem Tag, den wir dem Yulefest näher kommen, breitet sich die Dunkelheit weiter aus und schwindet das Licht noch mehr. Alles aus dem alten Jahr ist erledigt, und für die nächste Vegetationsperiode ist es noch zu früh. Es bleibt nichts zu tun, und die Tage wirken lang und trüb.

Unterstützende Aspekte

Traditioneller Bezug	Geburt des Lichts
Zeitschwingung	Beginn der Rauhnächte
Zeitpunkt der höchsten Energie	21./22.12., Wintersonnenwende
Planetarisch	Sonnenfest
Naturentsprechung	Frost
Hüterinnen der Zeit/ Göttinnen	Arianrhod, Percht, Holle, Frigg
Hüter der Zeit/Götter	Odin, Thor
Symbole	Mistelzweig, Stechpalmenzweig
Rune	KENAZ

Farben	Silber, Violett, Gold, Rot, Dunkelgrün
Pflanzen	Lorbeer, Mistel, Stechpalme, Tanne, wintergrüne Pflanzen
Tier	Hirsch
Mineralien	Blutstein, Granat, Rubin, Smaragd
Räucherwerk	Reinigungsräucherung, z. B. Anis, Basilikum, Beifuß, Distel, Fichte, Kiefernnadeln, Orangenschale, Tannenharz, Thymian, Wacholder, Weihrauch, Zimt
Rituelle Speisen	Julbrot, Zimtschnecken, Eintöpfe mit Wurzelgemüse
Rituelle Getränke	Glühwein, Met, Wassail

Die Göttinnen und Götter

Arianrhods Name besteht aus zwei Teilen, die beide die Bedeutung »Rad« haben. Sie gilt als Himmelsgöttin und hütet das Rad des Jahres. Dieses steht symbolisch für die Sonnenscheibe. Indem sie es immerwährend dreht, stellt sie sicher, dass es stets einen Neuanfang gibt.

Frigg (Frygg, Saga) ist die Gemahlin von Odin. Sie ist die Schutzgöttin der Ehe, des Lebens und der Mutterschaft. Sie hütet das Herdfeuer und den Haushalt und gilt als die Hochgöttin. Im dunklen Jahresabschnitt hält sie die Familie zusammen und sorgt dafür, dass alle gut durch die schwierige Zeit kommen. Ihre Art ist höflich, wohlgesonnen und fürsorglich. Als Seherin praktiziert sie Seiðr (eine spezielle Art des Zaubers und der Voraus-

schau). In dieser Rolle webte sie Wyrd, das Netz, das alles miteinander verbindet, und beeinflusst die Zukunft. Sie sieht alles, gibt aber nicht alles preis.

Percht(a) gilt als die Göttin der Anderswelt und der Zwischenreiche. Ihre Zeit sind die Rauhnächte, in denen sie während der Wilden Jagd faule und verschwenderische Menschen aufsucht und bestraft. Sie wird häufig als gruselige Erscheinung beschrieben, die alles vertreiben kann, was böse ist. Fleißige und gute Menschen werden von ihr hingegen belohnt.

Holle (Holla, Frau Holle) soll den Schnee bringen, indem sie ihre Kissen ausklopft und die Daunen auf die Erde fallen. Ihre Beschreibungen sind denen von Percht sehr ähnlich. Sie belohnt ebenfalls fleißige und dienende Menschen und bestraft die faulen und überheblichen. Auch wenn wir heutzutage Frau Holle aus dem Märchen der Brüder Grimm kennen, reichen die Legenden über sie zurück bis in die Jungsteinzeit und lassen auf ihre Wurzeln als Erdgöttin schließen. In allen Überlieferungen ist Holles enge Verbindung zur Unterwelt (der Brunnen im Märchen) und dem Sonnengott (das Gold als Belohnung) aufgeführt.

Odin (Wotan, Wodan) gilt als der Weiseste unter den Göttern. Um kaum einen Gott der Mythologie ranken sich so viele Geschichten und Überlieferungen. Immer auf der Suche nach Wissen und Weisheit, hängte er sich am eigenen Speer neun Tage lang kopfüber am Weltenbaum auf mit dem Ziel, die Runen zu finden. Um die Sicht auf die unsichtbaren Dinge zu erhalten, überließ er dem Riesen Mimir eines seiner Augen als Pfand, wofür dieser ihm einen Schluck aus der Quelle am Fuße des Weltenbaums gewährte. Danach erschienen ihm endlich die magischen Schriftzeichen. Odin hat unbegrenzten Zugriff zur Magie und starke magische Wesen an seiner Seite.

Thor (Donar) ist als der Gott des Donners bekannt. Sein Hammer Mjölnir ist von mächtigem Wesen und verfügt über magische Kräfte. Er trifft jedes Mal und kehrt wieder zu Thor zurück, wenn dieser ihn in Richtung eines Gegners schleudert. Thor ist für das Wetter und insbesondere für Blitz, Donner und Regen zuständig. Wo er auftaucht, geht es immer brachial zu.

Die Rune

KENAZ – die Fackel, klarer Fokus im Handeln

Die Rune KENAZ wird mit der Fackel assoziiert. Zu Yule, wenn das Licht neu geboren wird, hilft sie dir, die Dunkelheit zu erleuchten und in alle Ecken zu schauen. Sie lenkt deine Aufmerksamkeit auf die Themen, bei denen deine Kreativität und deine Handlungskraft gefragt sind. KENAZ leuchtet dir die Richtung. Welcher Weg ist fruchtbarer? Wohin führt er? Was verbirgt sich in der Dunkelheit? Mit dieser Rune erreichst du Klarheit über deine Handlungsmöglichkeiten.

Die Natur im Jahreskreis

Alles Leben in der Natur hat sich zurückgezogen, grau in grau und morastig zeigt sich das Draußen. In manchen Jahren hat sich jetzt bereits der Schnee gnädig über das Land gelegt und wärmt und schützt die in der Erde wartenden Pflanzen und Tiere. Eisige Fröste lassen die Welt unwirtlich erscheinen. An den wenigen Sonnentagen atmen wir Menschen auf, die sehr schwache Sonne tröstet ein wenig über die nasskalten Tage hinweg. Nur die immergrünen Nadelbäume halten die Hoffnung auf das neue Jahr wach.

Traditionelles

Der dunkelste Abschnitt des Jahres war erreicht. Die fast völlige Abwesenheit von Tageslicht wirkte lähmend auf die Menschen. Die Außenaktivitäten waren auf ein Minimum reduziert. Alles aus dem alten Jahr war erledigt, und für die nächste Vegetationsperiode war es noch zu früh. Dies war eine gute Zeit, sich auszuruhen und auf sich selbst zu besinnen, um Kraft zu sammeln und die persönlichen Akkus aufzuladen. In diesem Jahresabschnitt zog man sich ins gemütliche Heim zurück und erzählte Geschichten aus dem ablaufenden Jahr. Auf diese Weise wurden die Erinnerung hochgehalten.

Die letzten Monate waren anstrengend gewesen, und unter teilweise erheblichem Zeitdruck waren die Vorbereitungen für die verschneite Phase erledigt worden. Ab Ende November bis Yule war Raum, Heilkräfte wirken zu lassen und die Schaffenskraft wiederherzustellen.

In der vorchristlichen Zeit lagen die Ansiedlungen oft sehr weit auseinander. Dadurch hatten unsere Ahnen während des kalten und dunklen Jahresabschnitts kaum Kontakt zu den Nachbarn. Eine Botenrolle übernahmen die Druiden. Sie wanderten von Dorf zu Dorf, um Nachrichten zu übermitteln, die Menschen mit ihren Gesängen aufzuheitern und damit Durchhaltevermögen zu schenken, Heilkräuter zu verteilen und Kranke zu behandeln. Diese Weisen durchliefen eine lebenslange Ausbildung, und wenn sie so weit waren, diese Rolle zu übernehmen, waren sie meist schon alt und hatten einen langen, oftmals bereits weißen Bart. Zum Zeichen dafür, dass sie die Überbringer der Lichtbotschaften waren, trugen sie Gewänder in Rot, der Farbe des Lebens und der Sonnenkraft. Um Krankheiten und unerwünschte Energien aus den Häusern und Ställen zu vertreiben, schlugen sie sanft mit einer Birkenrute gegen die Türen oder über die Rücken der Tiere und Menschen. Dieser Brauch wird heute noch in nordischen Saunen gepflegt. Der Zweig wurde anschließend als Schutzsymbol an die Haus- oder Stalltür gehängt. Oft wurden Druiden von ihrem Schüler begleitet, dem Knecht. Da sie manchmal mehrere Tagesreisen hinter sich bringen mussten, reisten sie mit Schlitten, auf denen sie die »Geschenke«

für die Dorfbewohner mitnahmen. Dies waren neben den Heilkräutern auch getrocknete vitaminreiche Früchte und Kräuter, die sie den Sommer über gesammelt hatten und nun gegen eine Schlafgelegenheit und warme Mahlzeiten eintauschten.

Unsere Vorfahren waren sich ihrer Abhängigkeit von der Natur bewusst. Sie fühlten sich als Teil von ihr und wussten, dass alles Wertschätzung verdiente. Um sich in der Zeit des Rückzugs weiterhin an das Leben und die kraftvolle Vegetation zu erinnern, bot man stellvertretend einem immergrünen Nadelbaum einen Platz im eigenen Heim. Er wurde mit magisch-rituellen Symbolen geschmückt: Äpfeln für die Fruchtbarkeit, Nüssen (meist Walnüssen) für die Weisheit, Kerzen als Licht in der Dunkelheit und Orangenscheiben, die mit ihrem frischen Duft die Stimmung erhellten. Dieser Brauch war eine symbolische Wertschätzung des Weltenbaumes Yggdrasil, der für unsere Vorfahren die verschiedenen Welten in sich vereinte.

Rituelles und Symbolisches

Mit der Wintersonnenwende und der längsten Nacht vollzieht sich im Dezember die Geburt des neuen Jahres. Die Urmutter, die alte Weise, ist in der dunklen Zeit zur jungfräulichen Frau regeneriert. Sie hat die Kraft, den Eichenkönig neu zu gebären und das Rad des Lebens wieder anzustoßen.

Arianrhod, eine keltische Göttin aus dem walisischen Kulturraum, hütet das Jahresrad und bringt den zündenden Funken in die Welt. Sie hält symbolisch ein achtspeichiges Rad vor sich und erinnert uns damit an die verschiedenen Abschnitte des Jahres. Sie ist diejenige, die vorangeht, uns die Richtung weist und mit dem jungen Licht den Weg erleuchtet. Ihre Zeit ist geprägt von dezenten und doch kraftvollen Farben. Sie öffnet uns für die Einzigartigkeit eines jeden Jahresabschnitts. Das Leben besteht aus vielen Kreisläufen, und immer, wenn sich ein Kreis schließt, beginnt ein neuer – meist sogar mit denselben Themen und Herausforderungen, aber auf einer höheren Bewusstseinsebene. So können wir ihnen mit der im alten Zyklus hinzugewonnenen Weisheit begegnen und verwirklichen auf diese Weise unseren Lebensplan. Wir kommen regelmäßig zum Anfang zurück und entscheiden uns für die nächste Erlebnisrunde, um Erfahrungen zu sammeln und dem Ruf unserer Seele zu folgen.

Jetzt, wo täglich mehr Licht zur Verfügung steht, wächst auch die Begeisterung, Neues zu erträumen und Visionen aufsteigen zu lassen. Nicht umsonst wird in der Yulezeit, während der zwölf Rauhnächte, orakelt, um einen Ausblick auf jeden Monat im kommenden Jahr zu bekommen.

Meditation

Mit der längsten Nacht des Jahres wird genau im Moment der größten Dunkelheit das Licht wiedergeboren und der Beginn des neuen Sonnenjahres eingeläutet. Jetzt empfinden wir Freude und Dankbarkeit dafür, dass wir bis zu diesem Punkt durchgehalten und die dunkle Zeit überstanden haben. Es geht aufwärts, zurück ins Leben.

In Vorbereitung auf diesen besonderen Moment des Neubeginns kannst du deinen Weg formen, der dich im kommenden Jahr leiten wird. Bereits in den Wochen vor Yule, in der erstarkenden Zeitqualität, hast du Gelegenheit und Unterstützung aus der Geistigen Welt, deine nächsten Schritte zu klären.

Begib dich an einen ruhigen und gemütlichen Ort, an dem du dich entspannen kannst. Schaffe eine besondere, festliche Stimmung mit Kerzen, Räucherstoffen, bequemen Kissen und Kraftgegenständen, die deinen Meditationsbereich zu einem Kraftort werden lassen.

Mache es dir im Sitzen oder Liegen bequem, schließe deine Augen, und atme Ruhe und Entspannung ein und alle Spannungen aus deinem Körper aus. Atme tief ein, halte den Atem, und atme dann langsam aus. Genieße die Stille, die sich in dir ausbreitet. Folge deinem Atem, der den Brustkorb hebt und senkt.

Begib dich jetzt mit deiner Vorstellungskraft in einen dunklen Wald. Es ist ein Mischwald, und du bist von hohen Bäumen umgeben. Der Boden ist mit Schnee bedeckt. Es ist mitten in der Nacht. Die Umgebung ist still und friedlich. Kein lautes Geräusch ist zu hören. Du spürst die Kälte auf deiner Haut – aber auch die Wärme in deinem Herzen.

Blicke nach oben, und sieh den Sternenhimmel über dir. Er ist voller funkelnder Lichter, die die Nacht erhellen. Suche dir den hellsten Stern aus. Dieser ist heute Nacht dein Begleiter und Wegweiser.

Schreite langsam durch den Wald, und folge dabei deinem persönlichen Stern, der dich zu einem bestimmen Punkt zu führen scheint. Sicher und geborgen gehst du Schritt für Schritt, du hörst das Knirschen des Schnees unter deinen Füßen und das Rauschen des Windes in den blätterlosen Zweigen.

Nach einer Weile kommst du auf eine Lichtung, in deren Mitte ein großer Feuerkorb steht. Er ist mit Reisig und trockenem Holz gefüllt und wartet darauf, entzündet zu werden. Um ihn herum stehen einige Menschen. Du erkennst deine Freunde, deine Herzensfamilie, deine Gemeinschaft. Schaue dich um, und begrüße sie lächelnd. Sie schenken dir ebenfalls ein Lächeln und heißen dich mit offenen Armen willkommen. Ihr versammelt euch um den Feuerkorb.

Tritt näher an das Holz heran, nimm ein Streichholz oder ein Feuerzeug zur Hand, und entzünde es. Beobachte, wie die Flammen hochschlagen und das Feuer zum Leben erweckt wird. Spüre die Wärme auf deinem Gesicht und an deinen Händen. Höre das Knistern und Knacken des Feuers. Dieses steht für das Licht, das jetzt gerade aus der Dunkelheit geboren wird. Es ist ein Symbol für die Hoffnung, die Liebe und die Kraft, die dir innewohnen. Es repräsentiert das Potenzial des neuen Jahres, das vor dir liegt.

Schaue in die Flammen, und denke über das vergangene Jahr nach. Was hast du erlebt? Was gelernt? Was konntest du loslassen? Wofür bist du dankbar? Wenn du dich an etwas Unangenehmes erinnerst, das gehen darf, schreibe es auf einen Zettel, atme die Energie in die Zeilen, und wirf ihn in die Flammen. Das Feuer gibt die Energie mit dem aufsteigenden Rauch frei und wandelt sie in deinem Körper und in deinem feinstofflichen System ins Positive.

Richte danach deinen Fokus auf das kommende Jahr. Was wünschst du dir? Welchen Samen willst du setzen? Was willst du verändern? Was willst du erhalten?

Formuliere deine Absichten für die Zukunft in positiven und klaren Sätzen. Sprich sie in deinem Geist aus, und schreibe sie auf. Halte den Zettel an dein Herz, und atme die Gedanken und dazugehörenden Gefühle in dich herein. Die Verbindung ist aktiviert. Wirf nun das Papier ins Feuer. Deine Wünsche und Pläne steigen zu deiner geistigen Führung hinauf und werden von ihr berücksichtigt werden.

Fühle deine Verbindung mit dem Feuer. Es verstärkt und unterstützt deine Absichten. Erkenne auch die Bande mit den anderen Menschen um dich herum. Teile deine Absichten und Pläne mit ihnen, wenn du möchtest. Lausche, ob auch sie dir etwas erzählen möchten. Spüre deinen Kanal zu den geistigen Reichen und zur Erde, und bitte sie um ihren Segen für dein neues Jahr.

Bedanke dich bei dem Feuer, dem Nachthimmel, den Sternen, dem Wald, den Menschen und dir selbst für diese Meditation. Öffne deine Augen, und kehre langsam in die Gegenwart zurück.

Ritual zu Yule

Wenn du einen geschützten Platz im Haus hast, kannst du bereits jetzt die ersten Pflanzensamen setzen. Je nach Landstrich ermöglicht dies eine frühere Ernte. Dies empfiehlt sich besonders bei Pflanzen, die eine lange Keimdauer und dadurch eine kurze Wachstums- und Fruchtphase haben.
Diese Zeit ist auch gut geeignet, um geistige Samen zu setzen. Wenn du heute beginnst, neue Projekte vorzubereiten und die nötigen Materialien oder Informationen zu beschaffen, bringst du die Entwicklung voran.
Hast du schon orakelt und Ausblicke auf die anstehenden Entwicklungen erhalten, kannst du ihren Ausgang noch gezielt mit magischen Aktionen unterstützen und lenken.

Das Mahl

Zur Yulezeit wurden häufig süße und fette Speisen gegessen, schließlich verbrauchte man durch das kalte Wetter mehr Energie. Hier findest du eine süße Variante.

Zimtschnecken

Zutaten

Für den Teig:

- 40 g Margarine
- 125 ml warme Milch
- 21 g frische Hefe
- 35 g Zucker
- ½ Päckchen Vanillezucker
- ½ Prise Salz
- 250 g Mehl

Für die Füllung:

- 25 g Zucker
- ¼ EL Zimt
- 20 g Margarine

Für die Glasur:

- ¼ Tasse Puderzucker
- ½ EL Milch
- ½ EL Vanilleessenz

Zubereitung

Für den Teig Margarine in einer Schüssel weich werden lassen, Milch hinzufügen und die Hefe hineinbröckeln. Mit Zucker, Vanillezucker und Salz verrühren und nach und nach das Mehl einarbeiten. Den Teig kneten, bis er glatt und geschmeidig wird. Ist er zu flüssig, noch etwas Mehl dazugeben, wird er nicht richtig glatt, etwas warme Milch ergänzen. Die Schüssel mit einem feuchten Küchentuch abdecken und 45 Minuten an einem warmen Ort ruhen lassen.

Zucker und Zimt miteinander vermischen.

Die Arbeitsfläche mit Mehl bestäuben. Den Teig darauf rechteckig ausrollen, mit leicht angewärmter Margarine bestreichen und dick mit der Zimt-Zucker-Mischung bestreuen.

Den Teig von der kürzeren Seite her aufrollen und in ca. 3 cm dicke Scheiben schneiden. Ein Backblech mit Backpapier auslegen und die Scheiben darauf legen. Mit Frischhaltefolie abdecken und noch einmal 30 Minuten ruhen lassen.

Den Backofen auf 250 °C Ober-/Unterhitze vorheizen und die Teigscheiben 12–15 Minuten backen.

Puderzucker mit Milch und Vanilleessenz vermischen und den Guss mit einem Backpinsel auf die noch warmen Zimtschnecken auftragen.

Das Getränk

Ein traditionelles Yulegetränk aus Südwestengland und Cornwall ist das Wassail, was übersetzt so viel heißt wie »Sei bei guter Gesundheit« oder »Mögest du Glück haben«. Der Überlieferung nach wurde es am Yuletag an der Haustür an Arme und Bedürftige verteilt, damit sie sich aufwärmen und stärken konnten. Aufgrund der Gewürze und weiteren Inhaltsstoffe fördert Wassail die Durchblutung.

Wassail (alkoholhaltig)

Zutaten

- 250 ml Wasser
- ¼ Zimtstange
- 1 Nelke
- 3 Kardamomkörner
- ½ Msp. Muskatnuss
- 1 Blättchen Muskatblüte (Macis)
- 1 g Ingwerpulver
- 350 g Zucker
- 1,5 l Weißwein, Portwein oder Sherry
- 1 Apfel
- 6 sehr frische Eier

Zubereitung

Das Wasser mit den Gewürzen aufkochen und noch heiß durch ein Tuch abseihen. Wein hinzufügen und unter vorsichtigem Rühren langsam erhitzen. Nicht kochen! Je nach Weinsorte Zucker hinzugeben.

Den Apfel schälen und das Kerngehäuse entfernen. Bei 220 °C Ober-/Unterhitze im Backofen 30 Minuten garen.

Die Eier trennen und das Eiweiß steif schlagen, das Eigelb schaumig. Beides in einem Bowlegefäß mischen und nach und nach den warmen Wein unterrühren.

Den Apfel in Spalten schneiden und je eine davon in einem Schälchen mit der Bowle übergießen und servieren.

Wassail kann warm und kalt genossen werden.

Vorbereitung

Bereite das Ritualgetränk und das Mahl vor. Beides kannst du gut bereits morgens kochen und später aufwärmen.

Du kannst den Altar festlich schmücken – mit einer Einschränkung: Es darf nur eine Kerze darauf stehen. Wenn möglich, wähle eine in Dunkelrot. Schaue dir zur Inspiration für die weitere Dekoration die Liste der unterstützenden Aspekte noch einmal an. Diese kann bei der Auswahl der Farben usw. helfen.

Du benötigst auf jeden Fall die folgenden Gegenstände:

- mehrere Blätter Papier
- 1 besonderen Stift
- 1 Kerze (möglichst dunkelrot) mit feuerfestem Untersetzer
- Räucherwerk: Rose, Lorbeer, Kardamom, Weihrauch, Myrrhe
- 1 feuerfeste Räucherschale, mit Sand gefüllt
- Räucherkohle
- Streichhölzer

Ablauf

Es gibt verschiedene Möglichkeiten, deine Prophezeiungen zu fördern. Wir stellen dir drei vor. Schaue sie dir an, und dann wähle eine aus. Bei allen verbindest du dich mit deiner Absicht. Daher ist es wichtig, diese vorher klar zu definieren. Was soll mit der Voraussage, die du beim Orakeln erhalten hast, geschehen? Wie soll sie weiterentwickelt und in die Tat umgesetzt werden? Wenn du keine klare Aussage dazu machen kannst, dann definiere als Intention, dass du ausreichend Unterstützung bekommst. Hast du mehrere Botschaften erhalten oder Ziele für dein neues Jahr, kannst du auch jeweils eine andere Technik wählen. Folge deinem Empfinden.

Lege die benötigten Hilfsmittel griffbereit an deinen Altar, und setze dich bequem davor. Entspanne dich, und fokussiere dich darauf, was du nun vorhast. Entzünde das Räucherwerk, und segne mit dem Rauch deine Utensilien und auch dich. Entzünde anschließend die Kerze, und bitte deine geistigen Helfer als Berater hinzu. Rufe auch die Göttin Arianrhod mit ihrem immerwährenden Rad der Entwicklung. Sie wird dich dabei unterstützen, die richtige Richtung zu wählen. Auch wenn der Sonnengott gerade erst geboren wurde und noch sehr zart erscheint, solltest du trotzdem auch ihn einladen. Er bringt den Mut und die Erfahrung für den Neuanfang mit.

Einen Samen pflanzen

Hierfür benötigst du:

- Samen
- Pflanzgefäße
- Erde
- Klebstoff

Für jedes deiner Projekte kannst du stellvertretend einen oder mehrere Samen setzen. So erhältst du einen Indikator dafür, wie es um ihre Entwicklung steht. Du pflegst die Pflänzchen und nährst sie mit deiner Intention.

Besorge dir ein geeignetes Pflanzgefäß und fruchtbare Erde. Spare nicht an der Qualität, gönne deinem Weg maximale Unterstützung. Erschaffe einen magischen Moment, indem du eine Kerze und vielleicht auch Räucherwerk entzündest. Schreibe deine Absicht, welches Ziel du erreichen möchtest, auf ein schönes Stück Papier, und nutze auch einen besonderen Stift. Letztlich manifestierst du auf diese Weise einen guten und fruchtbaren Weg für dein Vorhaben. Klebe den Zettel an deinen Blumentopf. Lies deine Absicht noch einmal laut vor, und setze dann den Samen in die Erde. Gieße ihn, und stelle das Gefäß an einen geeigneten, hellen Platz, z. B. eine Fensterbank. So, wie du die Entwicklung dieses Samens begleitest, so kraftvoll wird sich auch deine Planung entwickeln. Dein Unterbewusstsein wird alles tun, um das Wachstum zu fördern.

Gebetsschnüre flechten

Hierfür benötigst du:

- 3 Stoffstreifen oder Wolle in verschiedenen Farben für jede Schnur, die du flechten willst
- 1 Schere

Überlege dir genau, was du fördern möchtest. Formuliere deine Absichten präzise und positiv, bedenke also, was du willst, und nicht, was du nicht willst. Schreibe deine Intentionen dann auf einen Zettel.

Entzünde eine Kerze, räuchere dich und die Materialien mit einer Reinigungsräucherung ab, z. B. Weihrauch, Beifuß oder Salbei. Sammle dich, und atme zu Beginn dreimal tief ein und aus. Bitte deine geistigen Begleiter um Stärkung und Unterstützung.

Flechte nun die Stoffstreifen oder Wollfäden zu Schnüren, und sprich bei jeder Fingerbewegung den aufgeschriebenen Satz. Durch dieses Mantra mit deiner Absicht aufgeladen, wächst nach und nach deine Gebetsschnur. Flechte bis zum Ende, alles gewählte Material muss verarbeitet werden. Verknote dann die Enden miteinander, und hänge die Flechtschnur an einen für dich besonderen Platz. Sie wird dein Projekt fördern.

Gebetsbeutel knüpfen

Hierfür benötigst du:

- 21 kleine Stoffstücke von 10 x 10 cm
- mindestens 2 m roter Wollfaden
- 1 Schere
- Räuchermischung aus Salbei, Beifuß und Eichenrinde

Schreibe deine Absicht auf einen Zettel. Sprich sie klar und deutlich aus, und lege dabei ein Häufchen der Räuchermischung auf eines der Stoffquadrate. Klappe die Ecken zueinander, und binde sie knapp über dem Räucherwerk fest mit dem Wollfaden zusammen. So entsteht eine kleine Kugel mit Spitzen, ähnlich einem Federball. Sprich wieder dein Ziel aus, während du etwas von der Räuchermischung auf das nächste Stoffstück legst, forme eine Kugel, und binde sie an den roten Faden zu dem ersten Beutelchen. Verfahre so mit allen weiteren Stoffstücken. Am Ende hast du eine lange Schnur mit 21 Gebetsbeuteln gefertigt. Nimm alle Beutel an dein Herz, und wiederhole deine Absicht ein letztes Mal laut. Jetzt hänge deine Gebetsbeutel an einen für dich reinen Ort, und lasse sie für dich und deine Erfüllung wirken.

Betrachte das Ergebnis deiner Ritualarbeit, nimm ihre Wirkung wahr. Stelle etwas von deinem Ritualmahl und dem Ritualgetränk für deine geistigen Helfer auf den Altar als Zeichen deiner Dankbarkeit für ihre Unterstützung und Führung. Nimm dann auch eine Portion für dich und alle weiteren Anwesenden, und genieße die Nahrung. Sei dir sicher, dass sich die Projekte in deinem Sinne verwirklichen werden.

Bedanke dich bei allen Helfern für die Klarheit und Kraft, die sie dir für die Durchführung zur Verfügung gestellt haben. Entlasse sie nun mit deinen Worten, und lösche die Kerze.

Wisse, dass sich nach dem Ritual die Yulekraft bis Mitte Januar immer mehr abbaut und der aufsteigenden Imbolckraft den Raum überlässt.

Imbolc

Fühle meine Reinheit.
Ich bin die Jungfräulichkeit des neuen Jahres.
Ich bin der Anfang.
Ich bin die Höhle, der Mutterleib,
in mir ruht der Same des Neubeginns.
Ich bin die Kraft, die diesen Samen erweckt.
Ich schütze und hüte das Neue, bis es sich zeigen will.
Mein sind die jungen Ideen, die wie Funken sprühen.
Durch mein Licht beginnt die Winterwelt, sich zu regen.
Ich bin der Impuls, der die Welt zum Leben erweckt.
Tauche ein in mich, und lasse dich inspirieren.

Zu **Imbolc** ist die Helligkeit so weit vorangeschritten, dass das Abendbrot bereits bei natürlichem Licht eingenommen werden kann. Endlich endet die Zeit, in der wir morgens im Dunkeln das Haus verlassen und abends im Dunkeln heimkommen. Das Licht hat über die Finsternis gesiegt. Das zurückkehrende Leben wird immer spürbarer.

Unterstützende Aspekte

Traditioneller Bezug	»im Bauch«, Kerzenweihe, Lichtmess
Zeitschwingung	die Saat regt sich
Zeitpunkt der höchsten Energie	2. Vollmond nach der Wintersonnenwende oder auch 01./02.02.
Planetarisch	Mondfest
Naturentsprechung	Eis
Hüterin der Zeit/ Göttin	Brigid
Hüter der Zeit/Gott	Aengus
Symbole	Brigid's Cross, Schnee, Feuerschale
Runen	ISA, INGWAZ
Farben	Weiß, helles Grün
Pflanze	Schneeglöckchen

Tier	Schwan
Mineralien	Amethyst, Granat, grüne Jade, grüner Calcit, Jaspis, Mondstein, Türkis
Räucherwerk	Basilikum, Beifuß, Bergamotte, Birkenrinde, Breuzinho, Dammar, Guajakholz, Jasmin, Myrrhe, Ringelblume, Sandelholz rot, Weihrauch
Rituelle Speise	Kartoffelbrot
Rituelles Getränk	Weißwein

Die Göttinnen und Götter

Brigid ist eine keltische Göttin aus der irischen Geschichte. Während der Christianisierung war ihre Verehrung in der Bevölkerung nicht zu unterdrücken, und so wurde sie kurzerhand von der Göttin zur »Heiligen Brigida von Kildare« umgetauft. Brigid gilt als Hüterin der Dichtkunst und Poesie. Zudem ist sie die Beschützerin des heiligen Feuers und der Schmiedekunst sowie die Göttin der Heilkunst, der Wahrheit, des Schutzes, der weiblichen Kraft und der Initiation.

Aengus ist der uneheliche Sohn von Dagda, dem Oberhaupt des Götterstammes der Túatha Dé Danann. Während Aengus' Mutter mit ihm schwanger war, hielt Dagda die Zeit an, um zu verhindern, dass Kunde über dieses Ereignis in die Welt kam. Aengus erhielt deshalb die Fähigkeit, den Zauber des Neubeginns aufrechtzuerhalten. Er gilt als der junge Gott der reinen Liebe und wird mit dem Schwan in Verbindung gebracht, in dessen Form er seine große Liebe wiederfand.

Die Runen

ISA – Eis, Stillstand

ISA ist die Rune des Eises. Ihr wird nachgesagt, dass sie Aktionen einfriert und eine Entwicklung verhindert. Dem ist aber nur bedingt so. ISA bringt die Entwicklung auf den Punkt. Indem sie diese extrem verlangsamt, schenkt sie dir die Zeit, die du brauchst, um dich mit den Gegebenheiten auseinanderzusetzen und die zentralen Aspekte sowie den Kern des Themas genauestens zu betrachten und in deine Überlegungen einzubeziehen. Dadurch kannst du die Situation und deine Möglichkeiten überdenken. ISA entschleunigt und bringt dich ins Hier und Jetzt.

INGWAZ – Urvertrauen, Fruchtbarkeit, die »kosmische Gebärmutter«

Wenn draußen Frost und Schnee alles unwirtlich machen, kann dich INGWAZ beruhigen und dir zeigen, dass du jederzeit auf den kosmischen Schutz vertrauen darfst. Die Rune hüllt dich und deine Projekte in einen Schutzmantel ein und lässt dich erfahren, dass du jederzeit von der richtigen Energie genährt wirst. Du kannst deine Vorhaben ihrem Energiefeld übergeben und warten, bis das Universum dir zeigt, dass die Zeit reif ist, dass du diese Verantwortung wieder selbst übernimmst. Gerade zu Imbolc kann INGWAZ dich dabei unterstützen, das Eis schmelzen zu lassen, damit du und deine Projekte sich weiterentwickeln.

Die Natur im Jahreskreis

Der Jahresabschnitt um Imbolc wird als die jungfräuliche Zeit betrachtet. Es ist die Regentschaft der Göttin Brigid, deren erste Wurzeln in Irland und Wales zu finden sind. Ihr Name wird mit »die Helle« und auch »die Strahlende« übersetzt. Sie ist die Hüterin des Viehs, der Heilkunst, der Ärzte und Hebammen und auch der Schmiede. Ihr Herdfeuer hält uns in der kalten Jahreszeit warm. Unsere Vorfahren versammelten sich in ihrem Namen um den Ofen, ehrten sie und baten um ihren Segen. Die jungfräuliche Reinheit der Strahlenden ermutigte die Menschen am Ende des Winters, noch ein wenig durchzuhalten. Sie steht für das Neue, das Anpassungsfähige, aus dem sich mit Kraft etwas formen wird.

Meist liegt noch Schnee, wenn die Göttin Brigid herrscht. Doch Mutter Erde hütet das neu Entstehende gut in ihrem Schoß. Unter der weißen Decke regt sich bereits ganz langsam die Pflanzen- und Tierwelt. Alles ist noch sehr empfindlich, zart und rein, es bedarf Fürsorge und Achtsamkeit. Überwinternde Pflanzen haben sich tief in die Erde zurückgezogen und geschlummert. Wir sehen sie nicht, aber sie sind da und beginnen jetzt wieder, zur Erdoberfläche zu wachsen. Was nun neu aus alten Samen entsteht, hat keine Vergangenheit. Diese Anteile der Natur betreten Neuland und kämpfen zäh um die Chance auf Leben. Stecken sie ihre Nase zu früh hinaus, werden sie sich mit den bevorstehenden Frühjahrsstürmen und den letzten Frösten auseinandersetzen müssen.

In manchen Jahren ist die Sonnenkraft nun bereits so stark, dass die Frühblüher die ersten Aktivitäten zeigen. Vor allem Hasel und Birke, die Unverwüstlichen, reagieren schnell auf solche wunderbare Unterstützung. Und die Insekten, die ebenfalls durch die sehr frühe Sonnenwärme aus dem Winterschlaf erwachen, sind dankbar für deren erste Pollen, von denen sie sich ernähren können. Mutter Erde speichert die Wärme mit ihrem Körper und gibt damit den jungen Trieben und Tieren tief in der Erde Schutz und Geborgenheit.

Traditionelles

Wärme und Geborgenheit fanden auch unsere Vorfahren am Herdfeuer der Göttin Brigid. Nach den ersten kurzen Aufenthalten draußen in der Natur waren sie froh, wieder zurück in die wohlige Wärme des Heims kommen zu können. Das Herdfeuer der Brigid ermöglichte das Überleben. Die Mahlzeiten konnten darüber gekocht und damit schmackhafter und bekömmlicher gemacht werden. Die Vielfalt der entstehenden Möglichkeiten ließ eine gute Stimmung aufkommen. Das Licht wurde zu dieser Zeit kräftiger, die hellen Stunden des Tages nahmen zu. Unsere Vorfahren waren sich der Wichtigkeit des Feuers sehr bewusst, und sie nahmen es nicht für selbstverständlich. An wichtigen Tagen oder immer dann, wenn es angebracht schien, wurde die Feuerstelle zunächst mit würzigen Kräutern geräuchert, energetisch gereinigt und gesegnet. Erst dann wurde das Feuer entzündet, wobei der Göttin Brigid gedacht und ihr gedankt wurde.

Ein überlieferter Brauch ist das Flechten eines Schutzsymbols, des »Kreuzes der Brigid« oder »Brigid's Cross«. Es wird in der Regel als Kreuz mit vier Schenkeln, seltener als Triskele mit drei Schenkeln dargestellt. Traditionell wurden dafür Kornhalme oder Binsen verwendet. Durch eine besondere Technik entstand in der Mitte ein typisches Knotenmuster. Die Kreuze wurden jährlich am Vorabend zu Imbolc hergestellt, und während des Flechtens bat man um die Unterstützung der Göttin Brigid. Sie schützten, über der Tür aufgehängt, die Bewohner des Hauses das ganze Jahr über vor Krankheit, Hunger und Bränden. Auch im Stall, in dem das Vieh überwinterte, sollten sie eine positive Wirkung auf deren Gesundheit sowie auf die im kommenden Jahr einzubringende Ernte haben. Die Flechtarbeit ist einfach auszuführen, aber schwer zu erklären. Am besten siehst du dir eine der vielen Anleitungen als Video oder Fotostrecke im Internet an, um es zu lernen.

Imbolc trägt den Beinamen »Lichtmess«. Das Lichtmessfest scheidet die Zeit der Dunkelheit von der nun beginnenden lichterfüllten Frühlings- und Sommerzeit. Der Ursprung der Bezeichnung ist nicht eindeutig überliefert. Eine Möglichkeit ist die Abstammung vom mittelhochdeutschen »mezzen«, was »verkünden, ankündigen« heißt, in diesem Fall das Bewusstmachen des beginnenden Lichts.

Rituelles und Symbolisches

Imbolc ist das Fest für die Belange der Frauen, der Familie und des Heimes. Traditionell wurden an diesem Tag die neuen Dienstboten, die im Frühjahr und Sommer benötigt wurden, eingestellt. Leise begann also die Betriebsamkeit.

Gleichzeitig sind die Abwehrkräfte durch die lange Zeit der Dunkelheit geschwächt. Ein besonderes Augenmerk liegt jetzt auf der Erhaltung der Gesundheit. Die im Herbst und Winter getrockneten Kräuter werden zu heilsamen Tinkturen und Tees verarbeitet. Die Geschenke von Mutter Natur dürfen nun für uns wirken. Das Wissen um ihre Heilkräfte ließ die Menschen hoffnungsfroh durchhalten und in den länger werdenden Tagen neuen Antrieb durch die erstarkende Sonne finden.

Der Begriff Imbolc bedeutet übersetzt »im Bauch«. Und genau so ist diese Zeit. Vieles, was nicht mehr zu uns gehörte, ließen wir an Yule hinter uns. Auch heute noch werden die meisten guten Vorsätze zu Weihnachten oder während der Rauhnächte zu Silvester gemacht. Die Geister der zwölf heiligen Nächte nehmen alles mit, was wir über Bord geworfen haben, sodass in den anschließenden Wochen etwas Neues entstehen kann. Die Zeit des

Schwangergehens mit neuen Ideen, Vorhaben, Wünschen oder, ganz wörtlich, mit der Frucht der Freuden aus dem letzten Sommer ist gekommen. Noch ist es zu früh, sie zu zeigen, es ist noch nicht spruchreif. In der Natur ist es ebenfalls so.

Imbolc ist ein Fest der Stille. In der Stille kann man das zarte Licht des Februars am besten erfahren, spricht der sanfte Schein einer Kerzenflamme zu unserem Herzen. Es ist daher auch eine Phase des Innehaltens, des Wartens. Jetzt sind die meisten Wintervorräte aufgebraucht, und es ist wichtig, mit den verbleibenden Reserven sorgfältig und bedacht umzugehen – wohl wissend, dass wir mit Riesenschritten auf die lichtvolle Jahreszeit zugehen.

Auch wenn der Jahresabschnitt um Imbolc ruhig und still erscheint, wurde das zugehörige Fest um den 1. Februar nicht ganz bewegungslos gefeiert. Aus Westfalen sind Frauentänze überliefert, bei denen die sich nähernden jungen Männer eins mit der Holundergerte übergezogen bekamen. Die Zeit zum Freien, Beltane, war noch lange nicht gekommen, und an Imbolc wurde die Reinheit und Unschuld ganz besonders geachtet. Allerdings lauschten die jungen Mädchen schon in die Zukunft. Was für einen Ehemann würden sie wohl erhalten? Der Überlieferung nach gingen sie in der Nacht des Imbolcfestes vor das Dorf und warteten auf Hundegebell. Aus der Richtung, aus der zuerst ein Hund zu hören war, sollte der spätere Freier auftauchen.

Meditation

Mache dich nun bereit, der Göttin Brigid zu begegnen.

Setze dich bequem hin, und schließe deine Augen. Atme tief ein und aus, und entspanne deinen Körper und deinen Geist. Mit jedem Atemzug wirst du ruhiger. Du verbindest dich mit deinen Energiezentren. Gehe mit deiner Aufmerksamkeit bewusst von unten nach oben durch deinen Körper, und erkenne, wo du dich noch ein wenig mehr lockern solltest.

Begib dich in deiner Vorstellung nach draußen in die Natur, in ein verschneites Tal. Du bist warm und dem Wetter entsprechend gekleidet. Die frühe Sonne scheint auf dein Gesicht, und du spürst eine leichte Brise in deinem Haar. Weit entfernt schreit ein Greifvogel, und du hörst die glucksenden Geräusche eines vereisten Baches.

Aus einiger Entfernung nimmst du ein Klopfen wahr. Neugierig folgst du dem mit jedem Schritt lauter werdenden Ton. Du fühlst, du bist auf dem richtigen Weg.

Er führt dich zu einem kleinen Hügel. Du gehst langsam auf ihn zu und erkennst, leicht versteckt an der Seite, den schmalen Eingang zu einer Höhle. Gehe hin, und betritt die Höhle. Es ist dunkel, deine Augen gewöhnen sich nur allmählich an das wenige Licht. Gib dir Zeit, bis sich deine Sehfähigkeit angepasst hat.

Die Höhle weitet sich nach hinten hin, und ein schmaler Pfad führt dich tiefer hinein. An der Wand hängt eine brennende Fackel. Nimm sie an dich, und folge dem Weg immer tiefer in die Erde. Du spürst eine zunehmende Wärme in deinem Herzen, als ob du einem heiligen Feuer näher kommst.

Vor dir öffnet sich eine große Felsenkammer, die von hellen Flammen erleuchtet wird. In der Mitte der Kammer steht vor einem Altar die Göttin Brigid. Ihr langes, rotes Haar wird durch ihr weißes Gewand besonders hervorgehoben. In einer Hand hält sie eine Lyra, eine kleine Harfe, und einen Schmiedehammer in der anderen.

Auch wenn sie eher von zarter Statur ist, wirkt ihre Erscheinung imposant und machtvoll. Freundlich lächelt sie dich an und lädt dich mit einem Nicken ein, näher zu kommen und mit ihr zu ihrer Schmiede zu gehen.

Das Schmiedefeuer lodert kraftvoll und hell. Sie facht das Feuer mit einem Blasbalg an, die Funken sprühen nur so nach oben.

Du erkennst in der Glut ein dünnes, langes Stück Eisen. Es glüht mittlerweile rot. Mit ihrem magischen Hammer treibt Brigid das Metall in die Länge. Dabei wird es immer dünner. Sie formt einen feurigen Pfeil. So lange bearbeitet sie ihn mit wohlgesetzten Schlägen, bis ihr Gesicht zufrieden leuchtet.

Sie lässt den Pfeil abkühlen und reagiert auf deinen fragenden Blick mit einem Lächeln. Als der Pfeil kalt ist, prüft sie seine Form und Gleichmäßigkeit noch einmal. Einverstanden mit ihrer Arbeit überreicht sie dir diesen Pfeil mit den Worten: »Er ist bereit, deine Visionen für das neue Jahr zu tragen. Wenn die Zeit gekommen ist, gib ihm eine Aufgabe und lasse ihn zielgerichtet in die Welt fliegen.«

Voller Dankbarkeit nimmst du den Pfeil entgegen und spürst, wie sein Anblick dein Herz mit Licht und Wärme erfüllt.

Brigid bedeutet dir, dich vor sie hinzuknien. Sie legt ihre Hände auf deinen Kopf und spricht: »Ich fülle dich mit der Kraft der Dichtung, sodass du stets die richtigen Worte findest. Du erhältst die Kraft des Schmiedehammers, damit du immer die richtigen Werkzeuge erschaffen kannst. Ich erfülle dich mit der Kraft der Intuition, wodurch du jederzeit die richtigen Gelegenheiten erkennst. Und ich werde deine Kreativität anstoßen.« Jedes Wort von ihr hallt in dir wie ein Hammerschlag nach, sie hat ihre Botschaft in dich hineingeschmiedet.

Du dankst ihr für diese Geschenke, während du spürst, wie sie dir ihre Kraft und Inspiration überträgt. Du fühlst dich von Brigids Licht und Liebe eingehüllt. Lasse dieses Gefühl nachklingen.

Erhebe dich nun, und verabschiede dich von der Göttin. Gehe zurück zum Höhleneingang. Dort angekommen, drehe dich noch einmal um und danke der Umgebung für das Geschenk. Gehe durch den Schnee den Hügel hinab. Wenn du unten angekommen bist, atme tief ein und aus und bewege deine Hände und Füße. Öffne die Augen. Du bist zurück in deiner Realität, und in deinem Herzen trägst du das Feuer der Göttin Brigid.

Sei bereit, deine Kreativität zu entfalten und deine neuen Ideen zu verwirklichen.

Ritual zu Imbolc

Imbolc ist die Zeit der Kerzenweihe. Bei der Heilkunde und Segnung, aber auch für naturmagische Arbeiten verwendeten unsere Vorfahren geweihte Kerzen. Um Imbolc war die Umgebung noch sehr rein, und deshalb galten auch die Kerzen, die in dieser Zeit gefertigt und geweiht wurden, als besonders kraftvoll. Zur Herstellung wurde vornehmlich weißes oder sehr helles Wachs oder Talg von den Tieren genutzt, die über die Wintermonate geschlachtet worden waren. Bei der Behandlung sollen diese besonderen Kerzen den geistigen Kräften den Weg zum Kranken erleuchten, sodass Heilung geschehen kann. Der Überlieferung nach sind die an Imbolc geweihten Kerzen besonders heilsam und kraftvoll, wenn dieser Vollmondtag auf einen Sonntag fällt.

Möchtest du dir deine Kerzen für das Jahr selbst herstellen? Du kannst geschmolzenes Wachs in eine längliche Form gießen und erzeugst so Stumpenkerzen. Zuvor musst du einen Docht am Boden und über der Öffnung, z. B. mithilfe eines darübergelegten Stabes, mittig fixieren. Der Docht behält seine Position, wenn du ihn vorher in flüssiges Wachs legst und beim Erkalten glatt streichst. Du kannst ebenso einen Docht in ein schlankes und hohes Gefäß hängen und geschmolzenes Wachs daran herunterlaufen lassen. Nimm den Docht dann heraus, lasse ihn abkühlen, und hänge ihn wieder in das Gefäß, damit neues Wachs daran hängen bleibt. Führe dies so oft durch, bis die Kerze deinen Wünschen entspricht. Achte bei der Auswahl des Dochtes auf die Markierung der Flussrichtung. Die Seite, die nach oben zeigen muss, ist gekennzeichnet. Beachtest du das nicht, kann das geschmolzene Wachs nicht nach oben steigen, und die Kerze verlischt. Wenn du bereits weißt, für welchen Zweck du deine Kerzen verwenden möchtest, kannst du sie bei der Herstellung für diese Aufgabe weihen, indem du ein Gebet hineinsprichst.

Das Mahl

In der kargen Zeit um Imbolc herum ist ein einfaches Brot gut herzustellen. Dieses Rezept stammt aus Irland, der Heimat der Göttin Brigid.

Farl (Irisches Kartoffelbrot)

Zutaten

- 350 g Kartoffeln
- 1 TL Salz
- 2 EL geschmolzene Butter
- 60 g Mehl

Zubereitung

Die Kartoffeln schälen und weich kochen. Den Backofen auf 230 °C Ober-/Unterhitze vorheizen.

Die Kartoffeln gründlich stampfen. Salz und Butter in den Kartoffelbrei geben und alles durchkneten. Nach und nach das Mehl darübersieben und weiterkneten, bis es eine geschmeidige Masse ergibt. Ist sie zu weich, noch etwas Mehl hinzufügen.

Den Teig wie einen Pizzaboden rund ausrollen. Auf ein Backpapier legen und mit einem Messer 6–8 Segmente (wie Pizzastücke) eindrücken.

Das Backpapier auf einem Rost in den Ofen schieben und das Brot backen, bis es goldbraun ist.

Vor dem Verzehr werden die Stücke an den eingedrückten Markierungen getrennt. Das Brot schmeckt hervorragend mit frischer Kräuterbutter oder Kräuterquark.

Das Getränk

Je nach Region gibt es für das Wassail unterschiedliche Rezepte. Allen gemein ist der verbundene Segen »Mögest du gesund sein«. Dieses Rezept stammt aus Südengland. Bei der alkoholfreien Variante tauschst du den Cider gegen naturtrüben Apfelsaft aus.

Wassail

Zutaten

- 2 l Cider oder naturtrüber Apfelsaft
- Schale 1 Orange
- Schale 1 Zitrone
- 2 Zimtstangen
- 1 EL Ingwerpulver
- 1 TL Nelken
- 5 EL Ahornsirup

Zubereitung

Alle Zutaten in einen Topf geben und verrühren. Ca. 45 Minuten köcheln lassen und dann abfiltern.

Das Wassail kann heiß oder warm zu dem Kartoffelbrot genossen werden.

Vorbereitung

Stelle so viele Kerzen her oder besorge sie dir, wie du glaubst, dass sie im Verlauf des Jahres wichtig werden könnten. Nimm möglichst eine Auswahl verschiedener Größen und Durchmesser. Wähle auch kleine Kerzen für kürzere Sitzungen oder Arbeiten, gut geeignet sind dafür Christbaumkerzen.

Nun stelle dein eigenes Salb- bzw. Weiheöl her. Da das Öl eine Woche ziehen muss, solltest du entsprechend früh vor dem Ritual damit beginnen. Nutze ein hochwertiges Öl, z. B. gutes Oliven-, Jojoba- oder Kokosöl, als Basis. Diese Öle werden nicht so schnell ranzig, und du kannst dir dein Weiheöl gut auf Vorrat anlegen.

Gieße 50 ml deines Basisöls in ein Schraubglas. Mörsere ca. 10 g Weihrauch ganz fein, sodass er fast Staub ist. Alternativ kannst du 15 Tropfen ätherisches Weihrauchöl nutzen. Achte auch dabei auf möglichst hohe Qualität. Füge jetzt den Weihrauch zu dem Öl, verschließe das Glas, und schüttle es achtsam. Vor Ritualbeginn solltest du das Öl durch einen Filter abseihen, damit du pures, energetisiertes Öl ohne Stückchen erhältst. Gib das fertige Öl in eine Flasche mit einem Tropf-, Pipetten- oder Pumpverschluss. Dies vereinfacht die Entnahme. Ansonsten reicht es auch, das Öl in einer kleinen Schale abgedeckt aufzubewahren.

Lege alle deine Kerzen auf den Altar, und stelle einen Korb oder eine Schachtel hinzu, in der du sie anschließend bis zu ihrer Nutzung aufbewahren möchtest. Schlage diesen Behälter vorher mit einem weißen Tuch aus. Lege eine spitze Nadel bereit, mit der du in die Kerzen ritzen kannst. Stelle das fertige Weiheöl auf den Altar zu den Kerzen. Lege eine saubere Pipette dazu, mit der du das Öl auf die Kerzen tropfen kannst, falls du das Öl nicht bereits in einer Pipettenflasche aufbewahrst.

Errichte einen kleinen heiligen Platz mit einer zentralen weißen Kerze. Das Tuch sollte auch weiß sein als Symbol für die Neutralität und Reinheit. Gern kannst du grüne Pflanzen wie Efeu und Schneeglöckchen dazustellen.

Nimm dir Zeit, Ideen für deine Kerzen zu notieren. Beschrifte kleine Zettel, die du nach der Weihe an der jeweiligen Kerze befestigen kannst, damit du in ein paar Monaten die richtige Kerze auswählen kannst.

Ablauf

Nimm dir ausreichend Zeit. Die Weihe von Kerzen mit verschiedenen Aufgaben dauert und sollte in Ruhe durchgeführt werden.

Bereite den Raum vor wie in der Einleitung beschrieben. Besonders zur reinen Zeit von Imbolc ist ein sauberer Platz wichtig. Räuchere den Ritualort mit Weihrauch oder Kiefernharz, und fächere den Rauch ebenfalls über den Altar. Räuchere danach alle Teilnehmer und dich selbst ab.

Rufe jetzt die Göttin Brigid und den Gott Aengus, und bitte um ihren Beistand. Lasse dich von ihnen segnen. Gott Aengus bringt neue Ideen, und seine Energie lässt dich ahnen, für welche Situationen du jetzt gleich deine Kerzen im Einzelnen weihen solltest.

Besinne dich, und atme ruhig ein und aus. Stimme dich auf das erste Thema ein, für das du eine Kerze weihen, und die Absicht, mit der du sie aufladen möchtest. Wähle eine Kerze, die dir dafür geeignet erscheint, und schaue dir den zugehörigen Notizzettel an. Halte sie in die Höhe, und bitte Brigid um deren Segnung. Lege sie dann vor dich hin.

Ritze nun mit der Nadel einen Begriff, der die Aufgabe der Kerze ausdrückt, in diese hinein. Soll sie aufbauend wirken, schreibe von unten zur Spitze hin. Soll sie etwas löschen oder lösen, schreibe von oben in Richtung Fuß der Kerze.

Gib, je nach Größe, 2–4 Tropfen von dem Weiheöl auf die Kerze. Sprich jetzt laut: »Ich weihe dich mit der Aufgabe (lies deine Notiz zu dieser Kerze vor).« Wenn die Energie der Weihe aufbauend sein soll, reibe nun dreimal von unten zur Spitze hin das Öl über die Kerze, soll ihre Flamme etwas entfernen, so reibe dreimal von oben nach unten.

Atme ruhig, und fühle, wie sich die Energie in der Kerze aufbaut. Dann befestige die Notiz an der Kerze, und lege sie in den Behälter.

Führe dies nacheinander mit allen deinen Kerzen durch. Du kannst auch mehrere von ihnen gleichzeitig weihen, wenn sie dieselbe Aufgabe bekommen sollen. Hast du alle deine Kerzen auf diese Weise aufgeladen, bedanke dich bei deinen Helfern.

Stelle etwas von der Ritualspeise und dem Getränk auf deinen Altar, und lasse so deine Helfer teilhaben. Nimm erst dann eine Portion für dich. Genieße sie in Ruhe, und lasse sich das Gefühl deines Erfolges in dir ausbreiten. Bedanke dich bei der Göttin Brigid und dem Gott Aengus für ihre Kraft und das Halten der Energie. Entlasse bewusst deine geistigen Helfer zurück in die Anderswelt. Lösche als Zeichen des Endes des Rituals die Kerze auf dem Altar.

Wisse, dass sich nach dem Ritual die Imbolckraft bis zum Ende des Monats Februar immer mehr abbaut und der aufsteigenden Ostarakraft den Raum überlässt.

Ostara

Ich bin das Feuer des Aufbruchs,
meine Flamme weckt alles auf, was noch schläft.
Was lange im Verborgenen heranwuchs,
wird jetzt von mir ins Leben gebracht.
Ich bin der junge Morgen mit seiner Lebendigkeit
und zeige mich sanft im Außen.
Genieße mein goldenes Licht.
Ich halte die Balance zwischen Rückzug und Präsenz.
Es ist ein Hin und Her, ein Vorwärts und Zurück.
Fühle meine Anwesenheit,
meine Stärke und meine Hingabe.
Ich bin das neue Leben.

Jetzt beginnt endlich der Frühling, und die Aufbruchsstimmung ist überall in der Natur deutlich zu spüren. Innerhalb weniger Tage scheint alles zu erwachen und explosionsartig zu wachsen. Die Pflanzen beginnen, zu sprießen, und die erstarkende Sonne schenkt die nötige Kraft dazu. Die Hochzeit von **Ostara** fällt auf die Tagundnachtgleiche im März. Diese Phase ist mit Fruchtbarkeit, Erneuerung und dem Erwachen der Natur verbunden.

Unterstützende Aspekte

Traditioneller Bezug	Aufbruch
Zeitschwingung	zunehmende Fruchtbarkeit
Zeitpunkt der höchsten Energie	20/21.03., Frühlingstagundnachtgleiche
Planetarisch	Sonnenfest
Naturentsprechung	Sonne wird stärker
Hüterinnen der Zeit/ Göttinnen	Ostara, Morgana
Hüter der Zeit/Gott	Camulos
Symbol	rotes Ei
Rune	BERKANA
Farben	Hellgelb, frisches Grün

Pflanzen	Eiche, Hartriegel, Holunder, Scharbockskraut, Weide
Tiere	Lamm, Hase
Mineralien	Achat, Bergkristall, Calcit, Citrin, Jade, Lapislazuli, Rosenquarz
Räucherwerk	Benzoe Siam, Erdrauch, Estragon, Holunder, Kardamom, Lavendel, Mädesüß, Majoran, Rainfarn, Styrax, Thymian, Wermut, Zitronenmelisse
Rituelle Speisen	Osterbrot, Ostersemmel, Kümmelbrötchen
Rituelles Getränk	Eierlikör

Die Göttinnen und Götter

Ostara ist die Namensgeberin für das entsprechende Frühlingsfest. Ein möglicher Ursprung des Namens ist die aus dem Angelsächsischen stammende Göttin Eostrae. Sie symbolisiert die Fruchtbarkeit und den Aufbruch.

Morgana (Morgan Le Fay) ist eine Fee, die in beiden Welten zu Hause ist: der realen Camelots und der magischen Avalons. Sie verfügt über starke Heilkräfte und umfangreiches magisches Wissen. Auf der Apfelinsel Avalon beheimatet, war sie für das Hüten des alten Wissens und dessen Weitergabe an geeignete Schülerinnen zuständig.

Camulos (Cumhal) ist ein keltischer Gott mit ausgeprägtem Kampfgeist. Im Krieg bietet er denen, die sich ihm anvertrauen, Schutz und Herberge.

Er wird mit dem Kriegsgott Mars in Verbindung gebracht. Seine starken Widderhörner ermöglichen ihm, wenn notwendig, buchstäblich mit dem Kopf durch die Wand zu gehen.

Die Rune

BERKANA – Geburt neuer Ideen, spiritueller Neubeginn

»Halte inne, und verwöhne dich, wenigstens für ein paar Stunden!«, fordert dich BERKANA auf. Diese Rune symbolisiert die Brüste von Mutter Natur und schenkt dir Nahrung für Körper, Geist und Seele. Fühlst du dich momentan schwach und ausgelaugt, wird dir diese Auszeit Erholung bringen. Und selbst wenn dir meist viel Kraft zur Verfügung steht, gibt es Zeiten, in denen du dich zurückziehen und um dich selbst kümmern solltest. BERKANA forciert zudem den Neubeginn. Sobald im Frühjahr die Sonne wieder zunehmend ihr Licht verschenkt, explodiert das Wachstum. Die Rune animiert dich, deine eigene Dynamik zu erkennen und dich auf das Entstehende zu freuen.

Die Natur im Jahreskreis

In der Tierwelt verzaubern uns die Neugeborenen mit ihrer Tapsigkeit und Lebensfreude. Besonders die Lämmer stehen symbolisch für das, was mit allen Sinnen ins Leben drängt. Sie symbolisieren die Sprunghaftigkeit des Widders, die zu Ostara überall bemerkt werden kann.

Nach dem dunklen und trüben Jahresabschnitt ist deutlich zu spüren, wie die Sonnenkraft wieder zunimmt und mit ihrer Wärme die Natur aufweckt. Während dieser Phase beginnt die erste Aussaat, der Same ist gesetzt und keimt. Das Neue nimmt sich seinen Raum. Nach einer langen Zeit der Orientierung nach innen nehmen die Außenkontakte wieder zu. Der Tod ist überwunden, und die Periode der Fülle wird vorbereitet.

Da Hühner während des Winters aufgrund der knappen Nahrung keine Eier legen, galt der Beginn des Legens als sicheres Zeichen für den Frühlingsanfang. Hieraus ist der Brauch des Eiersuchens entstanden. Die früher frei laufenden Hühner legten ihre ersten Eier irgendwo auf dem Gelände ab, also blieb den Menschen nichts anderes übrig, als diese zu suchen.

Traditionelles

In der keltischen Tradition wurde Ostara zu Ehren der britischen Seegöttin Morgana, auch Morgan Le Fay, begangen und der Königin von Avalon und dem Feenland geweiht. Es war die Zeit der Elfen, Feen, Zwerge und weiteren Naturwesen, der Verehrung ihrer Plätze. Die Dolmen, Menhire oder Findlinge, die als Wohnstätten des kleinen Volkes galten, symbolisierten im Volksglauben die Verbindung zur Unterwelt, aus der zu dieser Zeit die Kraft der Erneuerung wieder emporstieg und sich mit der Kraft der Sonne verband.

Besondere Beachtung wurde auch dem Wasser zuteil, das als Sinnbild für das neue Leben galt. Zu Ehren der Wassergöttin Sulis werden in Schottland und Südengland noch heute die Quellen und Brunnen festlich geschmückt und einer rituellen Weihe unterzogen. Unsere Vorfahren brachten den Quellgeistern, den Möck, Nixen und anderen Wasserwesen bunte Bänder, Federn, Muscheln und Steine dar und schmückten damit diese besonderen Orte.

Rituelles und Symbolisches

Die auch heute noch gebräuchlichen Symbole für Ostara sind der Hase als allgemein bekanntes Zeichen für Fruchtbarkeit und grenzenlose Vermehrung sowie das Ei, das als Urzelle allen Lebens gilt. Unsere Vorfahren malten die Eier rot an, denn sie sollten an die Farbe des frischen Blutes der jungfräulichen Göttin erinnern. Mit zunehmendem Einfluss des christlichen Glaubens wurden überlieferte Gewohnheiten anders ausgelegt. Die Eier wurden weiterhin mit roter Farbe bemalt, jedoch nun, um dem Blut Christi zu gedenken.

Es geht die Legende, dass zu Beginn aller Zeiten die Große Göttin das Weltenei gebar. Sie wärmte es zwischen ihren Brüsten und ließ es Jahrtausende reifen. Als sich die ersten Sprünge in der Schale zeigten, nahm sie es behutsam hervor und legte es ins große Dunkel. Dort sprang die Schale auf, und heraus fiel die ganze Welt, Erde und Wasser, Tiere und Pflanzen. Aus dem Dotter entstand die Sonne. Damit die Menschen sich an das große Werk erinnern, werden die ältesten Tierarten der Welt auch heute noch aus Eiern geboren.

Das frische, hellrote Blut symbolisierte Fruchtbarkeit. Junge Mädchen, die zu Ostara ihre erste Monatsblutung bekamen, wurden früher besonders verehrt. Ihr Blut galt als heilig. Es wurde aufgefangen und zum Segen der Ernte in einem Ritual der Erde übergeben, um die Fruchtbarkeit der Felder magisch zu verstärken.

Zur Zeit um Ostara wurden die Felder vorbereitet. Dies geschah mit einem Ritual, der Feldweihe. Vielerorts werden sie auch heute noch vor der Aussaat gesegnet. Dazu werden sie vom Bauern abgeschritten, und an jeder Ecke des Feldes werden heilige Kräuter, meist Pfefferminze und Schlüsselblume, und Äste des Weidenbaumes zusammen mit einer Kerze in den Boden gesteckt. Während des Rituals bittet man um eine reichhaltige Ernte und um Schutz für die Felder.

Jetzt ist eine gute Gelegenheit, sich endgültig von Altem zu lösen und etwas Neues anzufangen, z. B. mit der Umsetzung der Pläne aus dem Winter. Gedanken, Träume und Wünsche sollen besondere Beachtung finden und in Erfüllung gehen. Die Schwere der dunklen Jahreszeit hebt sich, und die Lebenslust nimmt wieder zu.

Während des Winters hat sich im Innen wie im Außen physisch und energetisch einiger Ballast angesammelt. Daher wurde der Frühjahrsputz durchgeführt und für die körperliche Entschlackung gesorgt. Nutze auch du während der Ostarazeit immer wieder die Schwingung der Erneuerung, und reinige dich und dein Umfeld von der Schwere der dunklen Zeit.

Reinigung von Haus und Hof

Zu Ostara ist es an der Zeit, Haus und Hof zu reinigen. Es wird gestaubsaugt, gefegt und gewischt. Setze dir dafür in einem größeren Glas mit ein paar Blättern Salbei und Beifuß Putzwasser an. Lasse es ein paar Stunden stehen, am besten über Nacht. Gib am nächsten Tag je ca. 100 ml in dein Putzwasser, und wische damit deine Wohnung. Diese Mischung reinigt sowohl physisch als auch energetisch. Du wirst spüren, wie sich alte Ablagerungen lösen und sich der Raum und die Gegenstände leichter und klarer anfühlen. Überanstrenge dich nicht, die Ostarazeit dauert mehrere Wochen, du hast also ausreichend Möglichkeiten, alles für dich Wichtige zu erledigen.

Innerliche Reinigung der körperlichen und energetischen Ebene

Zum Ende des Winters bedürfen unser Körper und unser Geist frischer Verpflegung, um die aufgebrauchten Nährstoffe wieder aufzufüllen. Die dunkle Zeit hat wenig frische Nahrung geliefert, und nun ist es wichtig, dich auf der körperlichen und energetischen Ebene zu reinigen. Es wachsen bereits einige Frühlingskräuter mit sehr viel Mineralien und Vitaminen, z. B. Scharbockskraut, Brennnesseln, Birkenblätter, Gänseblümchen, Giersch und Löwenzahn. Vielleicht möchtest du eine reinigende und den Stoffwechsel aktivierende Smoothiekur durchführen und dich jeden Morgen mit frischen Pflanzenstoffen, Mineralien und Vitaminen versorgen. Zerkleinere hierzu frische Kräuter, und gib sie in den Mixer. Wildkräuter sind gehaltvoll, es reicht eine große Handvoll. Füge so viel Wasser hinzu, dass du eine gute Portion erhältst, die flüssig genug ist, sie zu trinken. Alternativ kannst du auch Fruchtsaft einsetzen. Manche Kräuter, z. B. Löwenzahn, schmecken bitter. Dies kannst du mit Gewürzen wie Anis und Fenchel ausgleichen.

Äußerliche Reinigung der körperlichen und energetischen Ebene

Um dich äußerlich zu reinigen und dir Energie zurückzuholen, binde dir einen Kräuterbuschen. Suche dir ein paar längere Halme der Brennnessel, die schon sehr früh im Jahr wächst. Pflücke sie tief unten, ohne die Blätter zu berühren. Binde sie zu einem Strauß zusammen, und lasse sie mindestens 1 Stunde welken. Dies verhindert starke Reaktionen auf die Härchen der Pflanze. Ebenfalls gut passen die zarten Äste der Trauerweide und der Birke in den Strauß. Stelle vorher sicher, dass du keine Allergie auf einen der Bestandteile deines Kräuterbuschens hast.

Wenn du mit dem Binden fertig bist, entledige dich deiner Kleider, und schlage mit dem Kräuterbuschen leicht auf deinen Rücken, deine Arme und deine Beine. Gehe dabei sanft mit dir um. Spüre, wie deine Durchblutung angeregt wird. Mit jedem Schlag nimmt deine Haut die Wirkstoffe der Pflanzen auf, und der Buschen nimmt all das auf, was du freigibst. Empfinde den Pflanzen gegenüber Dankbarkeit dafür, dass sie dir dienen und dir helfen, dich lebendiger zu fühlen. Diese Reinigung kannst du während der Ostarazeit so oft durchführen, wie du möchtest. Binde dir hierzu jedes Mal einen frischen Buschen.

Meditation

Der Drang, aufzubrechen und neue Wege zu erforschen, liegt in der Luft. Der Widder mit seiner lebendigen Sprunghaftigkeit übernimmt die Führung und nährt die Spontanität. Camulos, der keltische Gott des Mutes und des kraftvollen Schutzes, möchte dich zu den Entdeckungen mitnehmen, die jetzt möglich sind.

Begib dich an einen ruhigen und angenehmen Ort, an dem du einige Minuten entspannen kannst. Schalte das Telefon aus, oder stelle es auf lautlos. Lege oder setze dich bequem hin, und schließe deine Augen.

Atme tief ein und aus, und lasse alle Spannungen und Sorgen los. Fokussiere deine Aufmerksamkeit auf dein Drittes Auge, das sich zwischen deinen Augenbrauen befindet. Falls Gedanken kommen, betrachte sie und lasse sie dann weiterziehen. Dein Körper und dein Geist kommen zur Ruhe. Du bist zentriert und entspannt. Lasse mit der neu aufsteigenden Lebendigkeit auch Veränderungen zu.

Bitte nun den Gott Camulos, dir seine Energie zu schicken und dir zu helfen, alle Hindernisse zu überwinden, die deinem Wachstum im Wege stehen. Sieh vor deinem inneren Auge diesen kraftvollen Jüngling auftauchen. Er trägt eine einfache, praktische Hose, hält einen Wanderstab in der einen und sein Schwert in der anderen Hand. Er hat eine Tasche mit seinen Habseligkeiten bei sich. Sein Haupt ist mit frischem Eichenlaub bekränzt, und die Widderhörner, die seine Durchschlagskraft und seinen Mut unterstreichen, stechen prägnant hervor.

Mit seiner Kampfkraft unterstützt dieser Gott den Frühling dabei, gegen die Starre des Winters anzugehen. Du fühlst seine Stärke und Präsenz und weißt instinktiv, dass du jederzeit um Hilfe bitten kannst, und Camulos wird in deiner Nähe erscheinen. Er gibt dir das Gefühl von absoluter Geborgenheit und von Schutz. Du saugst dieses warme Gefühl mit allen Sinnen auf, fühlst dich stark und entschlossen. Camulos ist ein mächtiger Verbündeter, auf den du zählen kannst.

Richte deine Aufmerksamkeit nun auf dein Herzchakra, das sich in der Mitte deiner Brust befindet. Spüre, wie ein grüner Lichtstrahl von Camulos ausgeht und in dieses Energiezentrum strömt, wie sein Mut und seine Kraft dich ausfüllen. Rufe in Gedanken die keltische Göttin Ostara herbei, die Göttin des Frühlings, der Fruchtbarkeit und der Erneuerung. Bitte sie ebenfalls, dir ihre Energie zu schicken und dir zu helfen, neue Möglichkeiten zu erkennen und zu ergreifen. Ein gelber Lichtstrahl strömt von ihr in dein Herz und verbindet sich dort mit dem grünen Licht Camulos'. Dir werden Freude, Kreativität und Erneuerung geschenkt.

Die Lichtstrahlen verschmelzen in deinem Herzchakra und bilden eine leuchtende Kugel. Sanft wird diese Kugel größer und füllt bald deinen ganzen Körper aus. Erlaube dem Leuchten, jede deiner Zellen anzufüllen. Du fühlst dich geschützt, gestärkt und erfrischt.

Du bist nun mit den kraftvollen Energien der beiden Gottheiten aufgeladen, doch zwischen dir und deinem nächsten Ziel steht noch immer eine Wand. Betrachte die kräftigen Hörner des Gottes Camulos. Mit ihnen reißt er die Mauer ein für alle Mal ein.

Mit deinem Mut, deiner neu gewonnenen Stärke und deiner Durchsetzungskraft bist du frei und kannst dich ungehindert von alten Widerständen deinen Visionen zuwenden. Diese Stärke wurde dir geschenkt und bleibt dir erhalten. Bedanke dich bei Ostara und Camulos für die Unterstützung, und beobachte, wie sie sich lächelnd zurückziehen.

Aufgeladen mit der Energie des Frühlings und inspiriert von der Kraft der Erneuerung bist du jetzt in der Lage, den nächsten Schritt in das Leben deiner Wünsche zu machen. Du bist bereit für einen Neuanfang.

Atme noch einmal tief ein und aus, und öffne langsam deine Augen. Danke dir selbst für diese Mediation. Nimm dir einen Moment Zeit, um deine Erfahrungen aufzuschreiben oder zu reflektieren.

Ritual zu Ostara

Tag für Tag nimmt das Licht wieder zu. Die frische Frühlingsluft stärkt uns. Die noch sehr tief am Horizont stehende Sonne scheint durch die Fenster und zeigt uns, wo der Winter seine Spuren hinterlassen hat.

Das Mahl

Zu Ostara wird, ähnlich wie zu Ostern, gern ein traditionelles süßes Brot gebacken, das in der Gemeinschaft gebrochen und geteilt wird. Die Rezepte sind regional sehr unterschiedlich. Hier kommt eines aus dem Süden Deutschlands.

Familienbrot

Zutaten

- 250 g Buchweizenmehl
- 250 g Mandelmehl
- 1 Päckchen Trockenhefe
- 50 g Zucker
- 2 Päckchen Vanillezucker
- Abrieb 1 Zitrone
- 1 Prise Salz
- 2 Eier
- 200 ml Milch
- 70 g weiche Butter
- 150 g Rosinen
- 50 g Mandeln
- 50 g Orangeat

Zubereitung

Die beiden Mehlsorten in einer großen Rührschüssel gründlich mit der Hefe vermischen, anschließend Zucker, Vanillezucker, Salz und den Zitronenabrieb unterrühren. Ein Ei hinzugeben, das zweite Ei in einer Tasse verquirlen. Die Hälfte des verquirlten Eis zum Teig geben, den Rest zur Seite stellen.

Milch und Butter sowie Rosinen, Mandeln und Orangeat in einer zweiten Schüssel vermengen, zu dem Teig geben und mit der Hand gut untermischen. Den gesamten Teig nun mehrere Minuten per Hand durchkneten und anschließend für ca. 2 Stunden an einem warmen Platz abgedeckt ruhen lassen.

Wenn der Hefeteig auf die doppelte Größe aufgegangen ist, nochmals kräftig durchkneten und zu einem runden Rohling formen.

Den Laib auf ein mit Backpapier ausgelegtes Backblech geben und ca. 30 Minuten ruhen lassen. Den Ofen auf 165 °C Ober-/Unterhitze vorheizen.

In die Oberfläche mit einem scharfen Messer die Rune für Ostara, Berkana, einritzen. Das Brot mit dem Rest des verquirlten Eis bestreichen und 30–35 Minuten auf mittlerer Schiene backen.

Da jeder Backofen anders ist, solltest du hin und wieder den Fortschritt kontrollieren und die Temperatur und Zeit anpassen. Das Brot soll goldbraun werden. Vor dem Anschneiden gut auskühlen lassen.

Das Getränk

Ein Getränk, das gut zur Ostarazeit passt, ist Eierlikör. Es gibt unzählige Rezepte dafür, jede Region hat mindestens eine Variante.

Eierlikör

Zutaten

- 12 frische Bio-Eigelbe
- 300 g Puderzucker
- 350 ml Schlagsahne
- 400 ml Rum oder Vodka (mindestens 40 %)
- 1 Vanilleschote

Zubereitung

Stelle drei wiederverschließbare Flaschen mit mindestens 0,5 l Fassungsvermögen und Kork- oder Bügelverschluss bereit. Spüle sie vor dem Abfüllen mit heißem Wasser und anschließend mit ein wenig Alkohol aus. Stelle sie umgekehrt zum Abtropfen hin, und vermeide es, hineinzufassen.

Wasser im Außentopf eines Wasserbades zum köcheln bringen.

Eigelbe und 150 g Puderzucker in der Innenschüssel mit einem Quirl etwa 10 Minuten schaumig aufschlagen. Nach und nach Sahne, Rum und den restlichen Zucker unterrühren. Vanilleschote längs aufschneiden, mit einem scharfen Messer das Mark herauskratzen und unter die Flüssigkeit rühren.

Die Schüssel vorsichtig ins Wasserbad setzen und die Masse für 8–10 Minuten mit einem Schneebesen rühren, bis sie zähflüssig wird. Der Eierlikör darf nicht kochen!

Die Flüssigkeit noch warm in die Flaschen abfüllen. Etwas Platz lassen, denn der Eierlikör wird beim Erkalten dickflüssiger und muss eventuell mit etwas zusätzlicher Sahne oder Rum/Vodka verdünnt werden, damit er wieder fließfähig wird.

Kühl gelagert, hält der Eierlikör ein paar Wochen.

Vorbereitung

Für dieses Ritual am Ostaratag benötigst du zwei rohe Eier. Vielleicht kennst du in deiner Nähe einen Hühnerhalter, von dem du unberührte, frische Eier erhalten kannst. Im besten Fall sollten sie von dir selbst aus dem Nest geholt werden. Sie dürfen weder gewaschen werden noch im Kühlschrank gelegen haben. Suche also im Vorfeld nach Möglichkeiten. Je weniger belastet die Eier durch Transportwege oder Fremdenergien sind, desto kraftvoller wirkt das Ritual.

Errichte einen Neubeginn-Altar. Ein Tuch in kräftigem Gelb und viel frische Dekoration wie Frühlingsblüher (Osterglocken, Primeln, Bellis u. a.) heben die Stimmung. Stelle in die Mitte eine gelbe Kerze. Suche Stellvertreter für die Energie von Ostara, die deinen Neustart ausdrücken können, und verteile sie auf dem Altar. Gib für deine geistigen Helfer etwas von der Ritualspeise und dem Getränk hinzu. Platziere die beiden Eier in einem Körbchen, und lege ein kleines Tuch daneben.

Ablauf

Reinige zu Beginn deinen Ritualplatz erst physisch durch Fegen oder Staubsaugen und danach energetisch mit einer Räucherung oder einer anderen Technik, mit der du vertraut bist. Setze dich an deinen Altar. Atme ruhig und entspannt, und besinne dich auf das, was du vorhast. Rufe mit deinen Worten deine Helferwesen aus den geistigen Reichen, und danke ihnen für ihr Erscheinen.

Erkläre, dass du dich mit der jungfräulichen Reinheit eines Eis reinigen möchtest. Danke in deinem Herzen der Henne, von der du die Eier hast. Lasse dir ausreichend Zeit, damit sich dein Bewusstsein für diese Handlung öffnen kann.

Atme ruhig und entspannt weiter. Stelle dich hin, und nimm eines der beiden Eier vom Altar in deine Hand. Lasse deinen Geist in deinem Körper und Energiefeld finden, was noch an alten Anhaftungen vorhanden ist. Gehe mit deiner Aufmerksamkeit an diese Stellen, und reibe mit dem Ei sanft im Uhrzeigersinn darüber. Das Ei muss dabei heil bleiben. Führe es an alle Stellen deines Körpers, an denen nicht mehr Benötigtes festsitzt. Das Ei nimmt es auf. Lasse dir die Zeit, die dein Körper braucht, damit alle alten Prozesse vollständig abgeschlossen und die jeweiligen Erinnerungen an das Ei übergeben werden können. Lege dieses schließlich auf das kleine Tuch neben dem Körbchen.

Fühle noch eine Weile nach, und wenn du noch irgendwo in deinem Körper etwas spürst, nimm erneut das Ei in deine Hand, reibe auch über diese Stelle, und lasse es alles aufsaugen.

Nimm als Nächstes das zweite Ei vom Altar in die Hand. Betrachte es genau, erkenne alle kleinen Punkte und Unebenheiten auf der Schale. Dieses Ei ist rein, die Basis alles Neuen. Du erhältst seine Kraft und Unterstützung für die Geburt eines neuen Wunsches, Planes oder Projekts. In diesem Ei ist der Zauber der Neugeburt verborgen. Wenn du dich darauf einlassen möchtest, so teile es dem Ei und seiner Seelenschwingung mit. Als Ausgleich übernimm nun Fürsorge für es. Trage es drei Tage und drei Nächte

bei dir, egal, wohin du gehst und was du machst. Das Ei ist immer bei dir. Lasse dich von dem Ei nähren, während du es hütest. Trage es die ganze Zeit an deinem Körper. Lege es nachts sicher neben dein Bett, und nimm es direkt nach dem Aufstehen wieder an dich. Das ist eure Vereinbarung. Beginne heute damit.

Bringe das Ei, das deine negativen Schwingungen enthält, an einen Ort, an dem du es in der Erde vergraben kannst. Frage den Platz, ob er bereit ist, dich bei deinem Ritual zu unterstützen. Bedanke dich bei ihm, dass er deine negativen Erinnerungen trägt und sie nach und nach auflöst. Du wirst die Veränderung bemerken.

Komme dann an deinen Altar zurück. Widme die auf dem Altar bereitgestellte Ritualspeise deinen geistigen Helfern als Zeichen deiner Dankbarkeit für ihre Unterstützung und Führung. Dann nimm auch du etwas zu dir, und genieße es. Zelebrierst du dieses Ritual mit weiteren Personen, so teile die Ritualspeise und das Getränk mit ihnen.

Nachdem ihr gemeinsam gegessen und getrunken habt, bedanke dich bei deinen geistigen Helfern, und entlasse sie mit deinen Worten dahin zurück, von wo sie zu dir kamen. Bedanke dich auch bei dir und den anderen Ritualteilnehmern, und lösche die Kerze.

Wisse, dass sich nach dem Ritual die Ostarakraft bis Anfang April immer mehr abbaut und der aufsteigenden Beltanekraft den Raum überlässt.

Beltane

Erkenne mich als die Geliebte.
Ich bin die Liebe.
Ich bin die Lust.
Tanze mit mir, lache mit mir.
Ich bin die pulsierende Lebenskraft.
Durch mich erneuert sich die Schöpfung.
Erkenne mich in dir.
Ich diene dem Leben und der Liebe.
Erkenne dich: Du bist reine Liebe.

Die Beltanezeit übernimmt im Anschluss an Ostara die Herrschaft über den Jahreskreis. War die vorige Energie noch unstrukturiert und spontan, so ist die daran anschließende Phase um **Beltane** erfüllt von sinnlichen Gefühlen und Anbandelversuchen. Alle Zeichen in der Natur stehen auf Vermehrung. Die Pflanzen und Tiere zeigen deutlich, dass sie bereit sind, ihre Gene weiterzugeben. Bei den Menschen beginnt nun die Phase des Flirtens. Der Tanz in den Mai ist bekannt als das Fest, bei dem man sich kennenlernt und sich nicht selten neue Liebschaften entwickeln.

Unterstützende Aspekte

Traditioneller Bezug	Zeit der Vereinigung
Zeitschwingung	aufsteigende Säfte, seelische und sexuelle Vereinigung
Zeitpunkt der höchsten Energie	5. Vollmond des Jahres nach Yule oder auch 30.04./01.05.
Planetarisch	Mondfest
Naturentsprechungen	Wachstum, Vermehrung, impulsive Ekstase
Hüterin der Zeit/ Göttin	Rhiannon
Hüter der Zeit/Götter	Belenos, Cernunnos
Symbol	Herzfeuer

Rune	WUNJO
Farbe	leuchtendes Rot
Pflanzen	Rose, Vergissmeinnicht, Narzisse, Jasmin
Tier	»Platzhirsch«
Mineralien	Bergkristall, Granat, Malachit, Mondstein, Rosenquarz, Smaragd, Turmalin
Räucherwerk	Alraune, Amber, Anis, Bärentraubenblätter, Jasmin, Lorbeer, Rosenblüten, Vanille, Weißdorn, Zimt
Rituelle Speise	süßes Knäckebrot
Rituelle Getränke	Waldmeisterbowle, Maiwein

Die Göttinnen und Götter

Rhiannon ist die keltische Göttin der Leidenschaft und der tiefen Liebe. Sie erscheint immer auf einem weißen Pferd. Ihr Herz ist groß und voller Zuneigung. Ihr Feuer der Liebe schenkt sie jedem, der es braucht. Sie dient uneigennützig in dem tiefen Wissen, dass stets Gerechtigkeit und Ausgleich geschehen werden.

Belenos ist ein keltischer Schutzgott der Heilung. Sein Ruf klingt über das ganze Land. Überall wurden ihm Steine der Weihe gesetzt als Anerkennung für seine Heilkunst, die er möglicherweise durch seine enge Verbindung zu Quellen erhalten hat. Die Bezeichnung »Beltane« ist vielleicht aus einer Ableitung seines Namens entstanden.

Cernunnos ist eine keltische Gottheit und bedeutet »der Gehörnte«. Dies beschreibt seine enge Verbindung zur Natur. Seine Abbilder zeigen ihn mit einem Geweih, und so wird er häufig als der »Hirschkönig« bezeichnet. Zu Beltane findet die wilde Jagd im Wald statt, und da der Hirschkönig den Hirsch besiegt, liegt es nahe, den geweihtragenden Cernunnos als den männlichen Part der Vereinigung von Göttin und Gott zu betrachten.

Die Rune

WUNJO – reine ekstatische Freude (ohne äußeren Anstoß), Harmonie, Liebe, Wonne, höhere Gefühle

WUNJO ist die reine, bedingungslose Freude, die einfach aus sich selbst heraus entsteht. Sie ist das Glück, das uns manchmal überkommt, wenn wir ein wundervolles Erlebnis haben, das unseren ganzen Körper durchflutet, uns völlig erstaunt und uns manchmal sogar Tränen in die Augen steigen lässt. Die Kraft dieser Rune ist ein Geschenk der Liebe. Es ohne Gegenleistung anzunehmen, ist häufig eine große Herausforderung. Die meisten Menschen sind es nicht gewohnt, sich Freude nicht verdienen zu müssen, sondern einfach empfinden zu dürfen. WUNJO existiert aber einzig und allein aus diesem Grund: Freude zu verbreiten. In der Ruhe und Gelassenheit der Runenkraft spüren wir unser Gegenüber, sehen das Lächeln in seinem Gesicht und hören die Worte mit dem Herzen, nicht nur mit den Ohren.

Die Natur im Jahreskreis

Der Winter hat die Natur lange im Griff gehabt, daher schreitet die Entwicklung der Pflanzenwelt zu Beginn des Beltanezyklus noch zögerlich voran. Mitte April sind sogar noch Schneestürme und Hagel möglich, die alles zunichtemachen können, was die Natur schon hervorgebracht hat. Und doch gewinnt die Sonne jetzt immer mehr an Kraft. Mit jedem Tag wird es wärmer, und bereits in der Mitte dieser Phase klettert das Thermometer häufig über 25 °C. Die Sonne nährt und stärkt alles. Das Pflanzenwachstum wird kräftig angeregt, die Zeit des Mangels und des Sparens ist vorbei. Die ersten Früchte und Gemüsesorten sind erntereif, und wir Menschen werden wieder direkt von der Natur versorgt und sind nicht mehr auf das Eingemachte angewiesen.

Auch in der Tierwelt kommen die Jungen. Überall zirpt, zwitschert und raschelt es. Elterntiere sind emsig damit beschäftigt, den Nachwuchs zu versorgen. Zum Ende der Beltanezeit sind die frostigen Nächte endgültig überwunden. Fülle und Wohlstand kehren ein.

Traditionelles

In der aufsteigenden Beltanezeit kam der junge Eichenkönig zunehmend in seine Kraft, bis er schließlich zum geschlechtsreifen Mann herangewachsen war. Ab jetzt übernahm er wieder die Herrschaft über das Leben, die Vermehrung und das Wachstum. Er hatte endgültig über seinen Bruder, den Stechpalmenkönig, gesiegt und war zu seiner vollen Größe erstarkt.

Die Mondgöttin, die die Fruchtbarkeit symbolisierte, war wieder zur Jungfrau geworden. So waren sowohl der Samen spendende als auch der ihn empfangende Teil der Natur reif, Neues zu erschaffen.

Am Fest Beltane, auch »Walpurgisnacht« genannt, sollen der Sage nach die Hexen aus wiedererwachter Lebensfreude auf ihren Besen um den Blocksberg gekreist sein. Auch die alten Göttinnen hatten immer ein Gefährt, mit dem sie reisten, sei es die Wildsau der Freya, der Wolf der Hyndla, die schwarzen Rosse der Walküren oder die Reitbären der Hexen in Schweden. In ihrem Gefolge fand sich ein wilder Reigen von Elfen, Menschenfrauen und Geistern. In allen Überlieferungen werden sie als wild und kraftvoll beschrieben – sie waren Urfrauen, die ihre Macht und ihre Gefühle lebten und sich ihren Mann selbst erwählten. Nur der Stärkste war in der Lage, den König des Waldes, den Hirsch, zu erlegen, und bewies dadurch seine Männlichkeit. Er erhielt das Privileg, sich mit der Urfrau zu vereinigen und beider Lebenskraft auf ihre Nachkommen zu übertragen. Dies geschieht seit Urzeiten in der Beltanenacht, dem Höhepunkt dieser Zeit.

Rituelles und Symbolisches

Als Symbol der Fruchtbarkeit wurden in den Dörfern die Maibäume errichtet. Sie verkörperten den Phallus des Eichenkönigs. Hierzu wurde ein großer Nadelbaum gefällt, entastet und auf dem Dorfplatz aufgestellt. Manchmal wurde auch eine Birke als Sinnbild für die Reinheit gewählt. Am Abend vor der Beltanenacht kamen die Frauen zusammen und flochten einen großen Kranz aus den abgeschnittenen Ästen. Mit vier Bändern in Rot, Gelb, Blau und Grün wurde der Kranz an der Spitze des Maibaums befestigt. Die Farben sollten an den Einfluss und die Anwesenheit der vier Elemente erinnern. An dem Kranz hingen lange Bänder in bunten Farben bis zum Boden herab. Sie waren mindestens einen Meter länger als der Baum. Nach dem gemeinsamen Mahl wurde Musik gespielt, und der Maitanz begann. Die Männer und die Frauen, die mittanzen wollten, stellten sich abwechselnd um den Baum herum auf und nahmen eines der Bänder in die Hand, bis alle vergeben waren. Die Männer hielten das Band in der linken Hand, die Frauen in der rechten. Mit dem Band am ausgestreckten Arm tanzten die Männer gegen, die Frauen im Uhrzeigersinn. Dabei duckte man sich abwechselnd unter dem Band des anderen hindurch. Die Bänder verwoben sich, das Anbandeln begann. Man schaute sich in die Augen, und mit jeder Begegnung wurde der Kontakt etwas tiefer. Waren alle Fäden verwoben, wurden sie unten am Stamm miteinander verknotet, und man blieb auf diese Weise verbunden.

Die Zeit um Beltane ist eine des Flirtens und der Verliebtheit, der Befreiung aus der alten Schwere, des Genießens und der beginnenden Fülle. Es wird geschlemmt – die Wintervorräte können nun endgültig aufgegessen werden, denn der Nachschub ist gesichert.

Um Beltane herum werden überall in der Natur große Feuer entzündet, um ein Zeichen für die Leidenschaft und die wieder erstarkte Lebenskraft zu setzen. Meist wählt man dafür eine Anhöhe. In den Bergen werden diese Feuer weit oben auf den Gipfeln errichtet und sind über viele Kilometer sichtbar. Dadurch soll das Gefühl tiefer Verbundenheit mit den umliegenden Gemeinden und deren Bewohnern geweckt werden.

Auch in den Dörfern werden große Feuer errichtet. Während man die auflodernden Flammen beobachtet, wird der Schwere und Hoffnungslosigkeit der dunklen Monate gedacht. Hierbei übergibt man die Erinnerungen und all das, was erlöst werden soll, der wandelnden Kraft des Feuers. Im Anschluss breitet sich Freiheit und übermütige Freude aus. Das Leben und die Liebe werden gefeiert. Sobald das Feuer so weit heruntergebrannt ist, dass nur noch Glut übrig ist, wird mit Mistgabeln eine Passage gezogen, durch die die Menschen nacheinander hindurchspringen und sich so von allen negativen Anhaftungen reinigen. Wer bereits heimlich miteinander »verbandelt« ist, springt jetzt Hand in Hand über die Glut und zeigt den übrigen Bewohnern so die Verlobung an. Innerhalb eines Jahres muss die Hochzeit stattfinden.

Auch das Vieh wird zwischen den heißen Gluthaufen hindurchgetrieben, denn alles Kranke und Schlechte soll auf diese Weise ausgetrieben werden. Der vermeintliche Schutz hält bis zum nächsten Frühjahr.

Meditation

Begib dich an einen ruhigen und gemütlichen Ort. Setze oder lege dich bequem hin, und schließe deine Augen. Atme tief ein und aus. Spüre, wie dein Körper sich entspannt und dein Atem gleichmäßig wird. Lasse alle kommenden Gedanken einfach vorbeifliegen. Sei ganz im Hier und Jetzt und bei dir.

Stelle dir nun vor, du bist an einem schönen Ort in der Natur. Es ist dein Lieblingsplatz, vielleicht eine grüne Wiese, ein blühender Garten oder ein sonnendurchfluteter Wald.

Die warme Luft streichelt deine Haut, der sanfte Wind spielt mit deinen Haaren, und du riechst den Duft der Blumen und Gräser. Aufmerksam nimmst du das Zwitschern der Vögel, das Summen der Bienen und das Rauschen eines Baches wahr. Du siehst die bunten Farben der Pflanzen, die lebendigen Gestalten der Tiere und das strahlende Licht der Sonne. Deine Füße tragen dich über das weiche Bett des moosdurchzogenen Grases.

Tauche jetzt ganz tief in dieses Bild ein, und spüre, dass du ein Teil dieser wunderbaren Welt bist. Fühle, wie die elektrisierende, pulsierende Energie von Beltane durch dich hindurchfließt. Dein Herz öffnet sich, und deine Seele tritt in den Vordergrund. Du bist mit allem verbunden. Genieße dieses potente, kraftstrotzende Gefühl, das durch deine Adern zieht, und gib dich ihm hin. Lasse dich davon ausfüllen und inspirieren. Nimm dir Zeit, es zu genießen.

Tief in deinem Herzen ruht ein Wunsch oder ein Ziel, das du ins Leben bringen möchtest. Es kann etwas sein, was du schon lange anstrebst, oder etwas Neues, was du ausprobieren möchtest.

Die Fruchtbarkeit, die zu Beltane in der Luft liegt, motiviert dich, auch Verrücktes zu wagen. Spaß und Neugierde überwiegen.

Fokussiere dich auf dein Ziel, und formuliere es in einem kurzen Satz. Sprich den Satz in Gedanken oder laut aus. Fühle, wie er sich in deinem Herzen formt, ihm entsteigt und wie er deinem Geist entspricht. Wiederhole den Satz immer wieder. Du selbst wirst zu deinem Ziel.

Nun stelle dir vor, du hast einen Zauberstab in deiner Hand. Er ist aus einem Zweig gemacht, der mit bunten Bändern geschmückt ist. Er symbolisiert deine Macht und deine Absicht. Hebe den Stab in die Luft, und sage: »Ich rufe die Kraft von Beltane an, meinen Wunsch zu erfüllen.« Schwenke nun deinen Stecken in einem Kreis über deinem Kopf, und sage: »Ich danke der Erde für ihre Fülle und Schönheit.« Senke deinen Zauberstab auf dein Herz, und sage: »Ich vertraue auf meine Intuition und Kreativität.« Lege jetzt deinen Stecken an deine Stirn, und sage: »Ich öffne mich für alle Möglichkeiten und Chancen.« Führe ihn zu deinen Lippen, und sage: »Ich spreche meine Wahrheit und meine Liebe.« Lege deinen Zauberstab in beide Handflächen, und sage: »Ich handle nach meinem Willen und meinem Können.«

Nun hast du deinen Wunsch oder dein Ziel mit der Energie von Beltane verbunden. Du hast deine Absicht klar ausgedrückt und durch deine aktivierten Kräfte verstärkt und mobilisiert. Atme noch einmal tief ein und aus. Spüre, wie dein Körper sich wieder belebt und dein Geist sich klärt. Erkenne, wie dein Wunsch oder dein Ziel näher rückt. Es ist zum Greifen nah.

Öffne langsam deine Augen. Schaue dich um, und nimm deine Umgebung wieder wahr.

Ritual zu Beltane

Zu Beltane liegt der Fokus auf den Themen »Partnerschaft«, »Liebe« und »Verbindung«. Doch wenn du eine Partnerschaft eingehen und in allen Aspekten du selbst sein willst, musst du erst einmal dich selbst kennen- und vor allem akzeptieren lernen.

Das Mahl

Da das Ritual zu Beltane vorzugsweise in der Natur stattfindet, empfehlen wir ein süßes Knäckebrot. Es ist unempfindlich, lange haltbar und gut zu transportieren. Zudem passt es gut zum Getränk und zum Anlass.

Süßes Knäckebrot

Zutaten

- 100 g Buchweizenmehl
- 50 g Kartoffelmehl
- 1 TL Salz
- 2 TL Backpulver
- 50 g geschälter Sesam
- 50 g Kürbiskerne
- 25 g goldene Leinsaat
- 25 g braune Leinsaat
- 150 g Mineralwasser
- 30 g flüssiger Honig

Zubereitung

Den Backofen auf 170 °C Ober-/Unterhitze vorheizen.

Ein Backblech mit Backpapier auslegen. Alle Zutaten außer Wasser und Honig gründlich vermengen. Wasser hinzugeben und gut unterrühren. Zum Abschluss den Honig beimengen.

Der Teig sollte zähflüssig sein. Auf das Blech gießen und mit einem Spatel gleichmäßig verteilen. Das Blech in den Ofen schieben.

Nach 5 Minuten Backzeit mit einem Pizzaschneider oder langen Messer das Brot nach Belieben in Stücke teilen oder anritzen. Du kannst die Größe und Form selbst wählen.

17 Minuten fertig backen. Den Ofen ausschalten und das Brot darin bei geöffneter Backofentür auskühlen lassen.

Nach ca. 1 Stunde kann das Knäckebrot gegessen werden. Es schmeckt toll mit Aufstrichen oder auch pur. Wer es weniger süß mag, kann den Honig weglassen und entsprechend mehr Wasser zugeben.

Das Getränk

Was passt besser zu Beltane als eine spritzige Maibowle, die noch dazu einfach zuzubereiten ist?

Maibowle

Zutaten

- 1–2 Zitronen
- 750 ml trockener Weißwein
- 3 EL brauner Zucker
- 1 Päckchen Vanillezucker
- 8 Stängel Waldmeister
- 2 Stängel Zitronenmelisse
- 1 Stängel Minze
- 400 ml gekühlter trockener Sekt

Tipp: Waldmeister muss man kurz vor der Blüte ernten, da sonst unerwünschte Nebenwirkungen (z. B. Kopfschmerzen) den Genuss trüben können. Nach der Blüte ist er ungenießbar. Damit er das volle Aroma entfaltet, lasse die Stängel über Nacht ruhen und die Blätter anwelken. Ersatzweise kannst du sie 20 Minuten in das Gefrierfach legen. Wenn du den Waldmeister sehr viel früher gepflückt hast, sollte er vollständig getrocknet und in einem luftdichten Glas gelagert sein. Du kannst ihn auch tiefgefroren aufbewahren.

Zubereitung

Zitronen in Scheiben schneiden und diese im Kühlschrank lagern.

In einen großen Bowletopf mit 1,5 l Fassungsvermögen Wein, Zucker und Vanillezucker geben. Die Kräuter bündeln und kopfüber in den Wein stellen, dabei darauf achten, dass die Schnittflächen nicht eintauchen. Mit einem Kochlöffel kann das Bündel fixiert werden. Nach 30–40 Minuten herausnehmen und den Ansatz kühl stellen, z. B. im Keller.

Kurz vor dem Servieren mit Sekt aufgießen. In jedes Glas eine halbe Scheibe Zitrone legen.

Die Verwendung von Sprudelwasser oder Eiswürfeln statt Sekt oder Weißwein ist für eine alkoholfreie Version möglich, mindert allerdings das Aroma.

Vorbereitung

Du benötigst:

- 1 leuchtend rotes Tuch, ca. 100 x 100 cm
- 1 kleineres weißes Tuch aus weich fließendem Stoff
- 1 weiße Stabkerze mit Kerzenhalter, ca. 20 cm hoch
- 1 rote Stabkerze mit Kerzenhalter, ca. 20 cm hoch
- weiße und rote Rosenblüten
- weiße oder klare Mineralien, falls vorhanden
- 1 kleine Schale mit Wasser, wenn möglich Quell- oder Bachwasser
- 1 Prise gutes Salz
- Räucherwerk: Alraune, Amber, Bärentraubenblätter, Anis, Lorbeer, Jasmin, Rose, Vanille, Weißdorn, Zimt (eine Auswahl davon)
- 1 Räucherschale mit Räucherkohle, evtl. Sand für den Boden der Schale, oder 1 Schale mit Räuchersieb und Teelicht
- 1 feuerfeste Schale zum Verbrennen von Papier
- Streichhölzer oder Feuerzeug
- mehrere A 4-Bögen Papier
- deinen Lieblingsstift
- 1 Foto von dir in Passbildgröße
- 1 dickeres Blatt Papier
- 1 Schere
- Klebstoff

Wähle einen Platz für deinen Altar, trage alle Gegenstände zusammen, und lege sie neben deinen Sitzplatz.

Ablauf

Errichte zu Beginn deinen Altar. Breite das rote Tuch aus, und lege dann das weiße Tuch in der Mitte darauf. Stelle die Wasserschale mittig auf das weiße Tuch. Nimm jetzt beide Kerzen, und platziere sie links und rechts neben der Schale auf dem weißen Tuch.

Verteile die Rosenblüten rund um die Schale und die Kerzen, und lege die Mineralien vor und hinter die Wasserschale. Dekoriere deinen Altar liebevoll und sinnlich. Das Ritualessen und das Getränk für deine geistigen Helfer kannst du auf die linke Seite des roten Tuchs legen. Stelle die Räucherschale rechts vorn auf das rote Tuch. Entzünde jetzt die Räucherkohle oder das Teelicht unter dem Sieb.

Betrachte das Arrangement, und lasse es auf dich wirken. Fühle dich frei, es so zu verändern, wie es für dich harmonisch ist.

Wenn du bereit bist, setze dich an deinen Altar. Stelle die feuerfeste Schale vor dich hin, und entzünde die beiden Kerzen. Rufe deine persönlichen Helfer aus den geistigen Reichen in den Raum. Bitte auch die Göttin Rhiannon, die Hüterin des Herzfeuers und der Leidenschaft, und Belenos, den Schutzgott der Heilung und Kraftzufuhr, präsent zu sein.

Gib das Salz mit den Worten in die Wasserschale: »Das Salz der Erde verbindet sich mit dem Wasser des Lebens.« Gib von dem Räucherwerk etwas auf das vorbereitete Räuchergefäß und sprich: »Der Atem des Lebens wird von der Kraft des Feuers in die Welt getragen.«

Atme ruhig, und lasse die Stimmung auf dich wirken. Kontrolliere die Spannung in deinem Körper, und atme dorthin, wo du noch Verhärtungen fühlst. Lasse alle Erwartungen los, indem du dich auf deinen Atem fokussierst. Nimm dein Selbst wahr. Prüfe, ob du auch wirklich bequem sitzt, sonst verändere deine Position.

Nimm jetzt das Schreibpapier und den Stift zur Hand. Gehe in deinen Erinnerungen so weit in deine Kindheit zurück wie möglich. Wann und in welchen Situationen hast du negative Kommentare über dich hören müssen? Welche Sätze, die du immer wieder gesagt bekamst, haben dich heruntergezogen? Manche Aussagen verletzen so sehr oder erzeugen so viel Angst, dass sie sich ganz tief ins Bewusstsein eingraben und auch viel später noch das Leben beeinflussen. Notiere für jede Situation den Satz, den du ertragen musstest. Schreibe mindestens 10 negative Formulierungen über dich auf deinen Zettel. Wenn keine weiteren Situationen mehr in dir aufsteigen, betrachte deine Notizen.

Klebe als Nächstes dein Passbild mittig auf das dicke Blatt Papier. Nun beginnt die Wandlung. Dieses Papier wird deine Motivationscollage. Gehe einen Satz nach dem anderen durch, und lies ihn dir, wenn möglich, laut vor. Spüre, ob und, wenn ja, an welcher Stelle dein Körper eine Reaktion zeigt.

Dann formuliere einen positiven Satz über dich, der genau das Gegenteil von der vorherigen negativen Aussage beschreibt, und schreibe ihn auf deine Motivationscollage. Wenn du z. B. eingeredet bekommen hast, du wärst ständig unkonzentriert, formuliere ihn so: »Ich, (dein Name), bin in jeder Situation präsent.« Eine weitere positive Formulierung könnte sein: »Ich, (dein Name), werde geliebt (oder: liebe mich).« Auch wenn du innerlich Widerstände fühlst, schreibe diesen positiven Satz auf, denn dies ist Teil deiner Wandlung. Schneide die negative Formulierung aus deinem Zettel aus, verbrenne sie, und sprich: »Es ist vorbei, ich gebe die Erinnerung frei und lasse Heilung geschehen.« Stelle dir vor, wie sich das Symptom auflöst. Schreibe für jeden alten Satz eine neue, positive Version auf deine Collage.

Erstelle dir auf diese Weise deine ganz persönliche Collage der Wandlung und Motivation. Dein Ebenbild wird umrahmt von positiven Affirmationen. Erkenne deine eigene, wunderschöne und sinnliche Version deiner selbst. Lasse deine Seele leuchten. Du bist nicht die Summe deiner Programmierungen. Bei aller Feinheit deiner Seele darfst du stolz auf deine innere Stärke und Kraft sein. Motiviere dich, indem du deiner Collage weitere positive Affirmationen hinzufügst. Möglicherweise entstehen Widerstände, und du findest einzelne Sätze nach ein paar Tagen unsinnig. Vertraue darauf, dass alles richtig ist, was geschieht, und lasse die Collage weiterhin für dich wirken. Hänge sie so auf, dass du sie immer wieder betrachten kannst.

Zum Schluss danke deinen geistigen Helfern für ihr Kommen, für den Beistand, die Kraft und die Klarheit, die du erhalten hast. Danke auch dir selbst für deinen Mut und deine Bereitschaft. Lasse sich das Gefühl deines Erfolgs ausbreiten, und genieße es. Entlasse bewusst deine Helfer zurück in die Anderswelt. Lösche als Zeichen des Endes deines Rituals die Kerzen.

Wisse, dass sich nach dem Ritual die Beltanekraft bis zum Ende des Monats Mai immer mehr abbaut und der aufsteigenden Lithakraft den Raum überlässt.

Litha

Ich bin die Hüterin der Wasser.
Durch mich erkennst du die Sterne in der sprühenden Gischt.
Ich bin der Regenbogen am Himmel.
Meine Quellen erfrischen dich.
Meine Ströme schenken dir Reinigung,
ich kläre und heile deine Gefühle.
Tauche tief in mich hinein, und lasse mich deinen Schmerz wandeln.
Ich bin die Herrin des Wassers.
Vertraue, und labe dich am Kelch der Weisheit.

Litha ist die Zeit mit dem höchsten Wachstumspotenzial im ganzen Jahreskreis. Die letzten Monate über wurde auf sie hingearbeitet. Die Äcker wurden vorbereitet, Samen gesät und Pflanzen und Tiere versorgt. Jetzt wächst und gedeiht alles fast von selbst, und wir könnten uns ausruhen und Pause machen. Stattdessen nutzen wir oft die Gelegenheit, um uns mit Freunden zu treffen, miteinander zu feiern und Kontakte zu pflegen.

Unterstützende Aspekte

Traditioneller Bezug	Sommersonnenwende, höchster Stand der Lebenskraft
Zeitschwingung	längster Tag, kürzeste Nacht
Zeitpunkt der höchsten Energie	21./22.06.
Planetarisch	Sonnenfest
Naturentsprechung	höchste Lichtkraft
Hüterinnen der Zeit/Göttinnen	Ainé, Litha, Sulis
Hüter der Zeit/Götter	Eichenkönig in seiner kraftvollsten Form als Kornkönig, Stechpalmenkönig
Symbole	Muschel, Sand
Rune	LAGUZ

Farben	Himmelblau, Meerblau
Pflanzen	ätherische Kräuter, besonders Johanniskraut; Holunder, Kamille, Königskerze, Eiche, Efeu, Farn
Tiere	Lachs, Schmetterling
Mineralien	Bernstein, Diamant, Jade, Lapislazuli, Tigerauge
Räucherwerk	Angelikawurzel, Beifuß, Eichenrinde, Fichtenharz, Geißblatt, Thymian, Wacholderbeeren, Weihrauch, Zedernholz
Rituelle Speisen	Mittsommerbrot, Salat, Holunderpfannkuchen
Rituelles Getränk	Holunderblütensaft

Die Göttinnen und Götter

Ainé ist die keltische Göttin der Liebe und zuständig für das Wachstum bei Mensch und Vieh. Ihr Name bedeutet »hell«, und sie steht in Verbindung mit der Strahlkraft der Sonne in der Lithazeit. Sie gilt als den Menschen wohlgesonnen, und mit ihrer feinen Art wird sie als die Mutter der Feen gesehen. In ihrer Nähe befinden sich immer unzählige Feen, die mit ihr zusammen das Korn beschützen.

Litha steht für Überfluss, Fruchtbarkeit, Balance und Ausgewogenheit. Der Sonnengott und sie sind gleichzeitig in ihrer höchsten Schwingung. Mit dem Wissen, dass ab dem nächsten Tag die Kraft des Sonnengottes immer mehr abnimmt, gibt sie sich als Erdmutter hin und nimmt seine Macht komplett in sich auf. Dadurch fördert sie den Prozess des Wachstums in den nächsten Monaten.

Sulis ist eine britannisch-keltische Göttin. Ihr überliefertes Heiligtum war eine Quelle im englischen Bath in Somerset. Ihr und ihrem Wasser wurden starke Heilkräfte nachgesagt, sodass ihr dort ein weitläufiger Tempelbezirk errichtet wurde, in dem die Menschen jene erleben konnten. Durch die Abstammung ihres Namens vom altkeltischen Wort »sulis« für Sonne wird sie in Verbindung mit dieser gebracht.

Der **Eichenkönig** bzw. Kornkönig und der **Stechpalmenkönig** sind zwei Aspekte des Sonnengottes, die jeweils die Herrschaft über eine Hälfte des Jahres innehaben. Der Eichenkönig wird zur Wintersonnenwende geboren und wächst in den nächsten Monaten zu einem mächtigen Herrscher heran, dessen Kraft das Wachstum in der Natur gewährleistet. Der Stechpalmenkönig ist sein Bruder, der ihn in einem Kampf zur Sommersonnenwende am 21. Juni besiegt und von da an allmählich die Regentschaft über die Natur übernimmt. Er erstarkt täglich mehr, während sein Bruder, der Eichenkönig, immer schwächer wird und sich zur Regeneration in die Unterwelt zurückzieht. Aufgabe des Stechpalmenkönigs ist es, dafür zu sorgen, dass alles alte Leben stirbt, um Raum zu schaffen und Energie für den Neubeginn ab Yule freizusetzen.

Die Rune

LAGUZ – Gefühle, fließen lassen, dem Fluss des Lebens folgen
Das Wasser wird häufig in Verbindung mit Gefühlen und Emotionen gebracht. Aufgestautes läuft Gefahr, zu versumpfen. Nutze die Fähigkeit von LAGUZ, die Dinge in den Fluss zu bringen. Gib dich dem Natürlichen hin, und lasse dich zu deinem nächsten Entwicklungsschritt treiben. Die Rune unterstützt dich dabei, Entwicklungen in Gang zu bringen. Festgefahrene Beziehungsprobleme können mit ihrer

Hilfe gelöst und das Paar kann unter der Führung der Lithaenergie zurück in die Harmonie gebracht werden.

Die Natur im Jahreskreis

Litha ist das Fest der Wende, der Moment der höchsten Wachstumskraft im Jahr und deren beginnenden Abstiegs. Je mehr Energie und Unterstützung jetzt bereitstehen, desto besser sind die Voraussetzungen für ein gutes Leben im Winter.

In der Zeit um Litha sind die Felder bestellt, und die Jungpflanzen entwickeln selbstständig ihr volles Wachstum. Unsere Fürsorge kann eine Pause einlegen. Die üppige Vegetation lässt uns jedes Jahr wieder staunend das Wunder der Natur betrachten. Die Tierjungen sind flügge geworden und lernen von ihren Eltern, sich selbst zu versorgen. Die meisten Tiere bleiben nur einen Jahresabschnitt lang bei ihren Eltern, und die Zeit drängt. Bereits zu Samhain müssen sie unabhängig sein. Bleiben sie beim Rudel, sollten sie kraftvoll und erfahren genug sein, um es zu unterstützen. Das Rad des Jahres dreht sich weiter, und jedes Lebewesen kennt seinen Platz und die Aufgabe, die es erfüllen muss, um das Überleben zu sichern.

Traditionelles

Wie in der Yulenacht, der Zeit der größten Finsternis, die Kraft groß genug war, das neue Licht zu gebären, so war zum Mittsommer die Stärke ausreichend, um Wünsche und Pläne aufblühen zu lassen und zu verwirklichen. Aber es war auch die Gelegenheit, die bereits verrichtete Arbeit zu ehren und das Licht zu feiern. Unsere Ahnen genossen diese Zeitspanne nach der Aussaat und vor der Ernte, die Phase der Fülle und der Wonne.

Zu Ehren der Sonne wurden überall Feuer errichtet, um sie um ihre wärmende und nährende Kraft zu bitten. Sie erwiesen dem Eichenkönig als Ausdruck des Sonnengottes die Ehre, der ein letztes Mal in seiner vollen Kraft wirkte, bevor er sich bereits ab dem nächsten Morgen täglich weiter zurückzog, die Sonnenkraft abnahm.

Für die Germanen war der Beifuß ein besonders wichtiges Kraut. In ihren Augen war er eine Pflanze mit den mächtigsten Hilfsgeistern. Zu Litha wurden lange Stängel der blühenden Pflanze gesammelt und zu einem Gürtel geflochten. Während der abendlichen Feiern tanzte man mit diesem Gürtel um das Sonnenwendfeuer. Der Beifuß, der auch heute noch als körperlich und energetisch stark reinigend gilt, nahm alle beginnenden Krankheitssymptome in sich auf. Zum Abschluss des Tanzes wurde der Gürtel dem Feuer übergeben, und die Flammen fraßen alles Negative auf. Dies sollte das ganze Jahr lang vor Krankheiten schützen.

Neben dem Feuer wurde auch das Wasser als Lebensspender angesehen. Deswegen wurden zu Litha die Brunnen geschmückt und Blumensträuße und Kräuter als Zeichen der Vitalität an die Quellen getragen. Reines und vitales Wasser war und ist ein Grundbaustein für gesundes Leben. Seine Leben spendende Kraft wurde in kleinen Zeremonien bewusst geehrt, und für die Reinhaltung der Quellen wurde alles getan. In der größten Hitze des Jahres, in der Lithazeit, schenkte die Göttin Sulis mit ihrer Wasserkraft nicht nur körperliche Erfrischung. Auch der Geist wurde geklärt, wenn unsere Vorfahren dem gurgelnden Geräusch von Bächen und Quellen lauschten.

Rituelles und Symbolisches

Litha ist ein Fest der Freundschaft und der Gemeinschaft. Man hält inne und legt eine Erholungspause ein, während die Natur das Wachstum vorantreibt. Die gesamte Energie und Aufmerksamkeit des bisherigen Jahres lagen auf der Ermöglichung einer reichhaltigen Ernte, um Nahrung zu erschaffen.

Litha läutet den Scheideweg ein. Bis hierhin wirkte der Segen der Sonne und ermöglichte das Wachstum. Im Laufe des Jahres wuchs der Eichenkönig vom jungen Knaben zum kraftvollen Herrscher heran. Sein Wissen und seine Kraft reiften so weit, dass durch seinen Licht spendenden Segen alles in der Natur gut gedieh. Zur Hochzeit am 21. Juni steht er nun seinem Gegenspieler und Bruder, dem Stechpalmenkönig, dem Herrscher über die dunkle Zeit, gegenüber. Noch dominiert das kraftvolle Helle die schwächelnde Dunkelheit. Und doch ist das Duell bereits entschieden. In der Nacht der höchsten Sonnenkraft übergibt der Eichenkönig das Zepter dem Stechpalmenkönig. Die Stechpalme ist immergrün und zeigt, dass auch in der tiefsten Dunkelheit und Kälte ein Überleben möglich ist. Durch ihre roten Beeren stellt sie sogar im Winter Nahrung für die Tiere bereit. Nach dem längsten Tag und der kürzesten Nacht verliert der Eichenkönig jeden Tag etwas mehr von seiner Kraft. Die Tage werden kürzer und die Nächte länger. Und doch speichert der immer schwächer werdende Sonnengott seine Kraft in den Pflanzen und Tieren und schließt auf diese Weise den Wachstumszyklus ab.

Begreife auch du, dass in deinem Handeln jetzt ein Wandel eintreten muss. Die letzten Monate waren ausgerichtet auf Aufbau und Vermehrung. Ab nun sollte dein Ziel eine gute Ernte sein.

Nach Litha liegt der Abschied unausweichlich auf dem Weg. Doch jetzt, in diesem Moment, darf gefeiert und die Fröhlichkeit genossen werden.

Meditation

Die verspielte Stimmung der Lithazeit ermöglicht einen leichten Kontakt mit dem Reich der Naturwesen. Du kannst mit ihnen kommunizieren und ihnen deine Wünsche übergeben.

Begib dich an einen ruhigen und ungestörten Ort, gern in der freien Natur. Wähle einen Platz, an dem du die Sonnenkraft spürst, ohne dass es dir zu heiß wird. Wenn du in einem Wohnraum bist, schaffe eine angenehme Atmosphäre mit Kerzen, Blumen oder anderen Symbolen der Sonne.

Setze dich bequem hin, und schließe deine Augen. Atme tief ein und aus, und entspanne deinen Körper und deinen Geist. Spüre, wie die Erde dich trägt und wie die Luft dich umgibt.

Du bist vollkommen behütet und geschützt, keine Gedanken lenken dich davon ab, deine Mitte zu finden.

Von oben trifft ein warmer und heller Sonnenstrahl auf deinen Kopf. Über dein Scheitelchakra fließt er sanft in dich herein und breitet sich langsam in deinem ganzen Körper aus. All deine Energiezentren werden durch sein Licht noch mehr aktiviert. Die Sonnenkraft erfüllt dich mit Stärke, Vitalität und Freude. Deine Energiebahnen leiten das Strahlen mühelos an jede Stelle deines Körpers. Lasse alles los, was dich möglicherweise noch belastet, und genieße dieses pure Gefühl der Fülle.

Lenke nun deine Aufmerksamkeit auf dein Herz, und nimm sein Schlagen bewusst wahr. Es ist ein leuchtendes Zentrum und strahlt reine Liebe aus. Denke an alles, was du liebst: deine Familie, deine Freunde, deine Hobbys, deine Träume und vor allem an dich selbst. Dein Herz schlägt zu allem und jedem eine Brücke der Wärme und des Lichts. Fühle die Dankbarkeit für all diese Geschenke in deinem Leben. Erkenne, dass sie zu dir gekommen sind, weil du dieser bewundernswerte Mensch bist. Du bist es wert, geliebt zu sein und Liebe zu geben.

In den Tagen rund um Litha kannst du besonders an deine Freundinnen und Freunde denken. Gesellschaft, Gemeinschaft und fröhliche Feste sind nun angesagt. Jetzt herrscht eine Phase der Erholung zwischen den Anstrengungen der Aussaat und der Ernte. Es ist ein guter Moment, Dankbarkeit zu fühlen und auch endlich einmal auszusprechen sowie bewusst in die Welt zu bringen.

Vor deinem inneren Auge tauchen jetzt nacheinander die Menschen auf, mit denen du gern zusammen etwas erlebst und denen du deine Wertschätzung mitteilen möchtest. Tritt jedem einzeln gegenüber.

Formuliere deinen Dank aus dem Herzen heraus. Es bilden sich wahrhaftige Worte, die sich zwischen euren Herzen austauschen. Liebe und Vertrauen geben dir Halt. Lasse zu, dass die Wahrheit darüber gesehen wird.

Nach jedem Austausch beobachtest du, wie dein Gegenüber und du im goldenen Licht des starken Eichenkönigs steht. Fühlt die sanft tanzenden Sonnenstrahlen, die ihre Heilkraft nährend um euch herumfließen lassen. Nehmt diesen Segen an. Wenn sich jetzt Ideen und Ziele formen, so glaube daran, dass alles möglich ist und dass du alles verdienst, was du dir wünschst.

Verabschiede dich jeweils von der Freundin oder dem Freund, und lasse dann die nächste Person erscheinen.

Wenn du die wichtigsten Menschen in deinem Leben gewürdigt hast, wende dich zum Schluss wieder dem Eichenkönig zu. Bedanke dich auch bei ihm für seine Unterstützung und seinen Segen. Danke dir selbst für deine Bereitschaft und Offenheit.

Öffne langsam deine Augen, und komme wieder in das Hier und Jetzt zurück. Spüre die Veränderung in dir und um dich herum. Nimm dir einen Moment Zeit, die Gedanken, die bei dieser Meditation aufgestiegen sind, zu reflektieren oder aufzuschreiben.

Ritual zu Litha

Litha ist das goldene Fest. Die Kornähren auf dem Feld leuchten goldgelb, und die Sonnenblumen recken ihre Köpfe in Richtung der kraftvoll scheinenden Sonne. Der Himmel ist strahlend blau. Wir sind uns des Höchststands dieser gesegneten Zeit bewusst. Gehütet durch die Kraft des Eichenkönigs entwickelt sich alles zum allgemeinen Segen. Die Leben spendenden Quellwasser und die nährende Sonne stehen im Fokus des Rituals.

Möchtest du dieses Ritual mit weiteren Personen durchführen, ist es sinnvoll, vorab den Plan weiterzureichen, damit die Vorbereitungen koordiniert werden können.

Das Mahl

Für diesen besonderen Moment kannst du ein spezielles Brot backen. Es wird zur Hälfte mit Sonnenblumenkernen für die helle Jahreszeit und zur Hälfte mit Mohnsamen für die dunkle Jahreszeit bestreut. Du kannst es genauso zur Wintersonnenwende reichen, denn dann wendet sich das Dunkle wieder in das Helle. Der ungebackene Teig wird traditionell mit guten Wünschen »besprochen«, wenn er bereits geformt ist. So nimmst du mit jedem Bissen diese Segen in dich auf.

Es handelt sich um ein traditionelles keltisches Buttermilchbrot ohne Ei oder Hefe und ist daher in einer halben Stunde herzustellen.

Buttermilchbrot

Zutaten

- 1,5 TL Backpulver
- 1 gute Prise Salz
- 750 ml Buttermilch
- 600 g Mehl
- Sonnenblumenkerne
- Mohnsamen

Zubereitung

Den Ofen auf 180 °C Ober-/Unterhitze vorheizen.

Backpulver und Salz in die Buttermilch rühren. Mehl in eine große Schüssel geben und in der Mitte eine Mulde formen. In diese die Buttermilch geben und von innen nach außen mit dem Mehl vermengen. Sollte der Teig zu flüssig werden, etwas Mehl hinzufügen.

Den Teig mindestens 10 Minuten kräftig kneten und einen runden Brotlaib daraus formen. In die Oberfläche mit einem scharfen Messer acht gleich große Abschnitte einkerben. Es entsteht das Muster eines Wagenrades mit einer Speiche je Jahreskreisfest. Den Laib zur einen Hälfte mit Sonnenblumenkernen, zur anderen mit Mohnsamen bestreuen.

Gib dabei deine Wünsche zum Lithafest mit hinein (z. B. für eine gute Ernte, für Gesundheit, für Wohlergehen). Segne das Brot danach mit den Worten: »Möge jeder, der von diesem Brot isst, gesegnet und genährt sein und allzeit gut und sicher durch das Jahresrad reisen.«

Das Brot anschließend auf einem mit Backpapier belegten Blech in den Ofen schieben und 20–25 Minuten backen. Das fertige Brot auf einem Rost abkühlen lassen.

Das Getränk

Holunder blüht quasi punktgenau dann, wenn die Sommersonnenwende ansteht. Ein Saft aus seinen Blüten verleiht jeder Lithafeier die besondere Note. Das Getränk ist noch stimmiger, wenn für die Herstellung ein von der Sommerwendsonne magisch aufgeladenes Wasser verwendet wird. Wie du dieses herstellst, erfährst du im Ritual.

Holunderblütensaft

Zutaten

- 5 Dolden Holunderblüten
- 1 l Sonnenwasser
- 1 EL Zucker

Zubereitung

Wasser in einen Topf geben und einen Holzstab quer über den Topfrand legen. Die Blütendolden so an den Stab lehnen, dass die Blütenköpfe im Wasser sind, nicht aber die Stiele. Das Wasser leicht köcheln lassen, bis die Blüten ausgezogen sind, erkennbar an der deutlichen Gelbfärbung des Wassers. Stock mit Dolden entfernen. Zucker hinzugeben und alles noch einmal 5 Minuten unter Rühren aufkochen lassen.

Den Saft abkühlen lassen und handwarm durch ein Sieb in ausgekochte Glasbehälter füllen. Diese kalt stellen.

Den Holunderblütensaft kannst du pur oder mit Mineralwasser, Sekt oder Wein gemischt genießen. Auf einen Teil Saft kommen zwei Teile der anderen Flüssigkeit. Eine Scheibe Zitrone rundet das Getränk perfekt ab.

Vorbereitung

Im Ritual wirst du Wasser von der Sonne magisch aufladen lassen. Dazu eignet sich frisches Quellwasser. Bringe in Erfahrung, wo in deiner Nähe sich eine Quelle befindet, von der du Wasser abnehmen kannst. Solltest du keine Zeit dafür haben oder keine Quelle finden, so besorge dir einige Tage vorher abgefülltes Quellwasser und bewahre es kühl und lichtgeschützt auf (nicht in einer Plastikflasche). Alternativ kannst du ein anderes sehr reines Wasser, z. B. Gletscherwasser, verwenden.

Du benötigst außerdem:

- 1 etwas größeren und 4 kleinere Bergkristalle
- 1 etwas größeren und 4 kleinere Rosenquarze
- 1 Schale für Wasser (ca. 2 l)
- 1 Behälter für 2 l zum Transportieren
- 1 Feder
- Streichhölzer
- 1 Räucherstäbchen
- mehrere kleine Glasflaschen
- 1 Trichter
- 4 kleine Leinensäckchen
- etwas Tabak

Ablauf

Begib dich am Morgen des Sonnenwendetages so früh an eine Wasserquelle in deiner Umgebung, dass du bei Sonnenaufgang dort das Ritual beginnen kannst. Gehe mit deinem Transportbehälter zum Quellkopf, also der Stelle, an der das Wasser austritt. Begrüße respektvoll den Wassergeist, der diese Quelle hütet. Nenne deinen Namen, deine Herkunft und dein Vorhaben, und bitte darum, dein Gefäß mit reinstem Wasser aus der Tiefe des Gesteins unter dir abfüllen zu dürfen. Entnimm das Wasser erst, wenn du ein deutliches Ja hörst oder empfindest. Bedanke dich danach beim Quellenhüter, und lege zum Zeichen der Wertschätzung den Tabak auf einem Stein oder an einem Baumstamm in der Nähe ab.

Gehe an deinen Ritualplatz im Garten, auf dem Balkon oder an der Fensterbank eines lichtdurchfluteten Südfensters. Reinige die Steine aufmerksam mit einigen Tropfen Quellwasser. Fülle das Wasser in die Schale, und stelle sie so auf, dass sie um die Mittagszeit von der Sonne beschienen werden kann. Rufe zuerst die Göttin Sulis hinzu, und bitte sie um ihren Segen für das von dir eingesetzte Wasser. Rufe nun den Sonnengott hinzu, und bitte ihn, dir den Segen der Sonnenkraft zu schenken. Lasse die Vereinigung der beiden Kräfte für dich wirken. Rufe zum Schluss den Stechpalmenkönig hinzu, und bitte ihn, das Wasser mit Durchhaltevermögen aufzuladen. Lege die Bergkristalle und Rosenquarze um das Wasser herum. Achte darauf, dass auch die Steine direktes Sonnenlicht bekommen.

Bitte die Sonne darum, mit ihrer ganzen Leben spendenden, erhaltenden und nährenden Kraft das von dir bereitgestellte Wasser so aufzuladen, dass ein potenziert wirkendes Sonnenwasser entsteht. Auch die Steine soll sie mit ihrer Kraft durchfluten. Visualisiere, wie die Sonnenstrahlen jedes Atom beleuchten, und spüre, wie die einzelnen Steine zu einem wirkungsvollen Energiespeicher werden.

Lasse nun mindestens sechs Stunden vergehen und dabei das Wasser von der Sonne energetisieren. Meditiere während dieser Zeit über das, was du in diesem Jahr bereits erreicht hast, und das, was du noch erreichen möchtest.

Fertige nun aus einem Teil deines Sonnenwassers das Ritualgetränk. Fülle es anschließend in eine gereinigte Flasche.

Stelle etwas von der Ritualspeise und dem Getränk für deine geistigen Helfer in die Nähe der Wasserschale. Zünde das Räucherstäbchen an, und stelle es neben der Wasserschale auf. Lasse den Rauch zum Dank für die Energetisierung zum Himmel steigen. Mit der Feder kannst du den Rauch auch in deine Aura fächeln.

Setze dich dazu, brich dir etwas Brot ab, und nimm dir einen Becher des Holundersaftes. Genieße diesen Moment, und erlebe, wie du mit der Energie von Erde, Feuer, Luft und Wasser verbunden bist sowie mit dem Spirit (Geist), der das Ritual unterstützt.

Fülle nun mit dem Trichter dein Litha-Sonnenwasser in die Glasfläschchen um, und beschrifte sie. Stelle eines als Schutzflasche auf deinen persönlichen Altar, und spüre die nährende und behütende Energie, die sich an ihm verbreitet.

Platziere den großen Rosenquarz in der Mitte deiner Wohnung oder deines Gartens, idealerweise an einem Zimmerbrunnen oder einem Teich, sodass belebtes Wasser vorhanden ist, und bitte ihn, seine durch die Sonne potenzierten Wirkkräfte fließen zu lassen. Nimm wahr, wie von nun an Liebe und Fürsorge an dem von dir gewählten Platz vorherrschen. Die vier kleinen Rosenquarze kannst du wie Satelliten an den Grenzen deines Grundstücks eingraben oder in die vier Ecken deiner Wohnung legen, in beiden Fällen möglichst entsprechend der Himmelsrichtungen. Lege mehrere Stücke des Ritualbrots als Zeichen deines Dankes zu dem großen Rosenquarz. Beträufle sie mit ein wenig Holundersaft. Das kleine Volk, das deinen Platz hütet, wird es dir danken und von nun an auch die Steine beschützen.

Der große Bergkristall steht ab jetzt als ständiger Begleiter und Kraftquelle auf deinem Jahreszeitenaltar. Dieses Mineral verstärkt immer die vorhandene Energie. Auf diese Weise trägst du die Kraft der Sonne symbolisch durch die dunkle Zeit. Die kleinen Bergkristalle steckst du einzeln in die Säckchen. Sie dienen als »Minibatterien« für die Monate bis Yule. Wenn es dir einmal nicht so gut geht, hole einen der Bergkristalle heraus,

setze dich in meditativer Haltung vor ihn hin und rufe dir ins Gedächtnis, was du heute getan hast. Visualisiere die Kraft und die Zuversicht, die in den Bergkristallen stecken.

Bleibe noch eine Weile sitzen, und spüre, wie sich die stärkende Kraft ausbreitet und wie dein Zuhause darauf reagiert. Dann danke deinen geistigen Helfern für ihr Kommen und die Klarheit, die du von ihnen erhalten hast. Bedanke dich bei der Göttin Sulis, dem Kornkönig und dem Stechpalmenkönig für ihre Begleitung. Genieße in Ruhe das Gefühl deines Erfolges, und entlasse bewusst deine geistigen Helfer zurück in die Anderswelt.

Wisse, dass sich nach dem Ritual die Lithakraft bis zum Ende des ersten Drittels des Monats Juli immer mehr abbaut und der aufsteigenden Lammaskraft den Raum überlässt.

Lammas

Ich bin die Mutter, die dich hält.
Ich biete dir Sicherheit.
Ich bin die Fruchtbarkeit und die Vielfalt.
Die Früchte meines Körpers nähren dich.
Ich tauche alles in goldfarbenes Licht.
Durch mich erhältst du Wissen über Nahrung.
Mein Korn schenkt dir die Kraft des Überlebens.
Tauche ein in die Fülle.
Ich bin die Nährende.

Dieser Jahresabschnitt hat viele Namen: **Lammas,** Lughnasad, und zur Hochzeit fand das Schnitter- oder Erntefest statt. Es ist die Feier des Gottes Lugh, des Kornkönigs. Er ist ein Aspekt des Eichenkönigs. Von ihm ist der Name Lughnasad (gesprochen »Luu:na:sah«) abgeleitet, was »Hochzeit des Lichts« bedeutet und auf die feurige Hitze dieses Gottes hinweist. Lammas bedeutet im altangelsächsischen Raum »loaf mass«, »Messe des Brotes«, was die enge Verbindung zum Korn deutlich macht. Die Zeit um Lammas dient der Ernte. Die Bezeichnung »Schnitterfest« deutet auf die Hauptarbeit während dieser Phase hin: die Feld- und Heuernte, die der Großen Göttin, der Erdmutter, geweiht ist. Dafür ist sonniges Wetter wichtig, denn die Halme müssen möglichst ganz getrocknet sein. Die Kunst ist es, den richtigen Zeitpunkt abzuwarten, damit Gras und Getreide möglichst lange wachsen können und trotzdem rechtzeitig geerntet und eingelagert werden.

Unterstützende Aspekte

Traditioneller Bezug	Schnitterfest
Zeitschwingung	Beginn der Ernte
Zeitpunkt der höchsten Energie	8. Vollmond des Jahres nach Yule oder auch 31.07./01.08.
Planetarisch	Mondfest
Naturentsprechungen	Fülle, Wachstum, Reifezeit
Hüterin der Zeit/ Göttin	Epona (Erdmutter)

Hüter der Zeit/Gott	Lugh (Kornkönig)
Symbole	Sense, Kornähre, Kornmuhme
Rune	JERA
Farben	Sonnenblumengelb, sattes Grün
Pflanzen	Getreide, Sonnenblume, Heidekraut, Mädesüß, Minze, Ringelblume
Tier	Wildsau
Mineralien	Achat, Bergkristall, Citrin, Goldcalcit, Goldtopas, Karneol, Tigerauge
Räucherwerk	Melisse, Passionsblume, Basilikum, Angelikawurzel, Baldrianwurzel, Eichenrinde, Thymian, Zitronenmelisse, Wacholderbeere, Mädesüß, Heidekraut
Rituelle Speise	Ährenbrot
Rituelle Getränke	Bier, Apfelbier

Die Göttinnen und Götter

Epona ist eine keltische Fruchtbarkeitsgöttin und zuständig für Fülle und Wachstum von Fauna und Flora. Sie wird oft auf einem Pferd reitend oder in der Gesellschaft von Pferden dargestellt. Manchmal trägt sie auch ein Füllhorn oder einen Korb mit Früchten oder Getreide. Epona gilt als Schutzpatronin der Reisenden und wurde später von den Römern in ihre Götterwelt aufgenommen.

Lugh war bekannt als meisterhafter Handwerker, der ebenfalls über Fertigkeiten im Bereich der Magie und der Kriegskunst verfügte. Dank seiner körperlichen Kraft vermochte er einen Speer über eine sehr weite Distanz zu werfen. Daher kommt auch sein anderer Name: Lugh Lámhfhada (Lugh des langen Arms). Oft wird er mit dem Sonnenlicht und dem Feuer in Verbindung gebracht. Es heißt, dass er zu Ehren seiner Ziehmutter Tailtiu Ende Juli eine besondere Veranstaltung ins Leben rief. Er begründete so der Sage nach das Fest Lughnasad – ein anderer Name für Lammas.

Die Rune

JERA – natürliche Rhythmen und Zyklen, natürliches Wachstum

Alles hat seine Zeit, alles braucht seine Dauer. Jede Entwicklung ist eine Aneinanderreihung von Momenten, von Geschehenlassen, Abwarten, Handeln. Dieses Zusammenspiel im passenden Moment und in der richtigen Reihenfolge führt letztlich zum Ziel und ermöglicht ein gutes Resultat. Der Erfolg eines Projektes basiert auf durchdachten, aufeinander aufbauenden Aktionen. Überspringst du einen Schritt oder veränderst die Reihenfolge, kann er zunichtegemacht werden. Die Rune JERA bringt dir Klarheit über die nächsten Schritte. Sie lenkt deine Aufmerksamkeit automatisch auf die Dinge, die jetzt zu erledigen sind. Ihre Kraft schenkt dir genau dann Wissen und Erkenntnisse, wenn diese entscheidend sind.

Die Natur im Jahreskreis

Der Fokus in dieser Zeit liegt auf dem Beginn der Feldernte. Gott Lugh selbst ist der Hüter des Getreides. Zur Hochzeit am 8. Vollmond des Jahres wird er daher mit einem großen Fest gefeiert, dem Schnitterfest. Auch wir sind gut beraten, nun die laufenden Projekte, die herangereift sind, unter Dach und Fach zu bringen. Noch ist ausreichend Kraft vorhanden, gute Arbeit zu leisten und die Mühen des Jahres zu einem befriedigenden Ergebnis zu bringen. Das Korn und die Früchte sind reif, aber noch kann alles durch ein einziges Unglück verloren gehen. Zu viel Trockenheit hemmt das Wachstum und lässt die Ernte verdorren. Zu viel Regen, Gewitter oder Hagel hingegen beschädigt die Früchte, lässt sie verschimmeln oder abfallen. Wird das Heu feucht eingelagert, besteht aufgrund der gedeihenden Bakterien die Möglichkeit der Selbstentzündung mit großer Gefahr für Haus und Hof. Genaue Beobachtung und viel Wissen und Erfahrung über die natürlichen Zusammenhänge sind an dieser Stelle sehr wichtig.

Traditionelles

Mit Lammas war der Zenit des Sommers erreicht, und ab jetzt nahm jeder Tag dem Leben ein wenig mehr von der fruchtbaren und sonnigen Kraft. Mit dem ersten Schnitt der Ähren starb der Kornkönig, um mit dem schwindenden Licht Tag für Tag weiter in das Reich der Finsternis zurückzukehren, wo er wartete, bis er zu Yule neu geboren wurde. Es war der immerwährende Kreislauf von Vergehen und Neubeginn. Bis hierher bemerkten unsere Ahnen den leisen Sterbeprozess noch nicht so intensiv, denn die Sonnenkraft war immer noch spürbar. Doch die Zeit schritt immer schneller voran, die Nacht siegte über den Tag, die Dunkelheit über die Helligkeit.

Jetzt begann die harte Arbeit. Wer viele gute und geschickte Helfer hatte, erntete ausreichend, um die Familie über den Winter zu bekommen. Alle arbeiteten Hand in Hand, um die Ernte hereinzubringen. Hierfür bat und bittet man auch heute noch in einem rituellen Fest um Unterstützung.

Rituelles und Symbolisches

Zu Lammas wird um Kraft und Schutz für eine gute Ernte gebeten. Als Geste der Hoffnung teilt man das eigene Mahl und die ersten geernteten Früchte mit den geistigen Wesen. Man beansprucht nie alles für sich, es bleibt immer etwas für sie stehen.

Aus den letzten Kornähren wird die Kornmuhme (auch »Roggenmuhme« genannt) gebunden: eine Figur mit zwei Armen und einem Rock, auf dem Kopf eine Krone. Die Kornmuhme gilt als Dämon, der jeden bestraft, der mit der Natur nicht achtsam und wertschätzend umgeht. Auf der anderen Seite wandelt er aber auch über die Felder und segnet sie auf diese Weise mit Fruchtbarkeit. Zur Erntezeit flüchtet er sich in die aufgestellte Kornmuhme und überwintert darin. Diese Figur bleibt auf dem Acker stehen als Tribut für den Schutz der Ernte. Die Kornmuhme wurde nach dem Abbild des schwindenden Kornkönigs (Eichenkönigs) gestaltet. Dies ließ unsere Vorfahren hoffen, dass etwas von seiner kraftvollen Sonnenenergie noch verweilte. Wollten sie ganz sicher sein, dass ihnen sein Segen gewiss war, sodass sie im nächsten Jahr eine gute Ernte erhielten, warfen sie zusätzlich ein paar Körner auf den Acker.

Wenn du während der Erntezeit Kräuter gesammelt hast, werden diese in deinem Ritual geweiht, damit sie in den nächsten Monaten ihre Wirkung behalten und dir Schutz und Unterstützung bieten. Manche Kräuter tragen bereits Samen, die du für die nächste Aussaat im Frühjahr sammeln kannst.

Der Schmerz zwischen finalem Wachstum in seinem höchsten Stand und dem schon spürbaren beginnenden Tod, zwischen der Begeisterung für das Leben und der Beschneidung der Fülle fordert uns heraus. Die Wehmut des Abschieds ist fühlbar, auch wenn du die Ernte einholen und dich belohnen darfst, denn du hast es dir verdient. Und doch musst du akzeptieren, dass sich etwas dem Ende zuneigt und mit jedem Schnitt das Leben immer mehr vergeht. Nutze die Möglichkeit, Ballast abzulegen, dich zu befreien. Dinge müssen abgeschlossen werden, damit du deinen Weg durch das Jahr weitergehen und den Wandel zulassen kannst.

Auch du bist gut beraten, deine laufenden, reif gewordenen Projekte unter Dach und Fach zu bringen. Aufgrund der Erfahrung, die du die letzten Jahre gemacht hast, weißt du sicherlich, dass du während der dunklen Jahreszeit über weniger Antrieb und Durchhaltevermögen verfügst als während der hellen Zeit. Also nutze jetzt jeden Moment.

Meditation

Verbinde dich mit der Kraft von Lugh, und stimme dich auf die Phase der bevorstehenden Ernte ein. Neben der physischen Ernte hast du auch die Möglichkeit, dich deiner geistigen Ernte zu widmen. Suche dir dazu einen ruhigen Ort, an dem du die Sonne auf deiner Haut spüren kannst. Schließe die Augen, und atme tief ein und aus, während du dich nach innen wendest und dich in deinem Herzen verankerst. Du bist sicher und geborgen.

Bitte Lugh, dich zu führen und dir zu zeigen, welche Früchte deiner Seele für die Ernte bereit sind und welche Dinge du loslassen kannst, um Platz für Neues zu schaffen. Nutze hierfür deine eigenen Worte. Was hast du seit Yule Ende letzten Jahres gesät und gehütet, welche Pläne hast du geschmiedet und weiterentwickelt? Ist das bisherige Ergebnis kraftvoll genug, um dich in der kommenden, dunklen und energieärmeren Zeit zu versorgen? Hast du möglicherweise sogar mehr erreicht als gedacht?

Stelle dir vor, du stehst auf einem Hügel und dein Blick schweift über ein goldfarbenes Feld. Sieh, wie sich das reife Korn im Wind wiegt und die Sonne langsam am Horizont versinkt. Spüre die Fülle und den Segen dieser Zeit, aber auch die Melancholie und den Schmerz des Abschieds.

Blicke auf den Ertrag der vergangenen Monate.

Nimm eine Sichel in die Hand, und gehe zu dem goldfarbenen Feld hinunter. Schneide einige große Ähren ab, und halte sie an dein Herz. Danke dabei für die Lektionen und Gaben, die sie dir gebracht haben, und erkenne ihren Wert und ihre Schönheit an. Lege sie in einen Korb, und gehe weiter.

Dein Weg führt dich nun zu einem Teil des Feldes, der verdorrt oder verwelkt ist. Diese Ähren repräsentieren deine Ängste, Sorgen, Zweifel oder alten Muster. Sie dienen dir nicht mehr oder hindern dich sogar daran, dein volles Potenzial zu entfalten. Schneide sie ebenfalls ab, aber diesmal mit einem Gefühl der Befreiung und Erleichterung. Danke ihnen für die Erfahrungen und Herausforderungen, die sie dir ermöglicht haben, und lasse sie los. Lege sie in einen anderen Korb, und gehe weiter.

Auf deinem Weg kommst du immer wieder an Feldern vorbei, die voller erntereifem Korn stehen, und anderen, auf denen es verdorrt oder verfault ist. Alles, was du siehst, sind die Ergebnisse deines Verhaltens und deiner Entwicklung in den letzten Monaten. Fahre mit dem Mähen fort, bis fast alle Bereiche abgeerntet sind. Achte darauf, dass du die Ähren jeweils in den richtigen Korb legst. Lasse von den letzten guten und gesunden Ähren so viel stehen, wie du mit den Armen umfassen kannst, und binde sie zu einer Garbe zusammen. Diese Halme gehören der Kornmuhme.

Du bist nun erfüllt von Leichtigkeit, Klarheit und Dankbarkeit. Blicke dich noch einmal um: Hast du alles geschnitten, was zu dir gehört? Dann bringe die beiden Körbe zurück auf den Hügel. Oben angekommen, siehst du einen kleinen Altar, der mit Symbolen von Lammas geschmückt ist: Äpfeln, Honig, Muskatnuss, Bier, einem Kräuterbuschen oder anderen Dingen, die für dich Bedeutung haben. Er scheint dich zu einem Ritual einzuladen.

Entzünde zuerst ein kleines Feuer in einer bereitstehenden Feuerschale, und übergib dann nach und nach die ungenießbaren Ähren den Flammen. Bitte um Auflösung und Reinigung, damit die Kräfte sich neu formen können. Sei gewiss, dass sich durch das Verbrennen auch die Strukturen in dir wandeln. Opfere danach einen Teil deiner fruchtbaren Ernte Lugh und Mutter Erde als Zeichen der Wertschätzung und Verbundenheit. Bitte sie um ihren Segen für den nächsten Zyklus deines Lebens.

Jetzt darfst auch du dich an den Erntegaben und den Getränken laben. Spüre, wie dich die Speisen wärmen und stärken. Vielleicht formen deine Lippen ein Lied oder sprechen ein Gedicht zu Ehren von Lugh und der Erntezeit.

Lughs Gegenwart und Liebe sind in deinem Herzen präsent. Bedanke dich für seine Führung und seine Gaben. Öffne die Augen, und kehre zurück in die Gegenwart, bereit für das Neue, das kommen wird.

Jetzt liegt die Entscheidung bei dir: Was unterstützt dich in den nächsten Monaten am meisten? Welche deiner Projekte willst du weiterverfolgen und ausbauen?

Ritual zu Lammas

In der Zeit um Lammas geht es um das konsequente Einfahren der Ernte. Je mehr Unterstützung du hast – aus deinem Umfeld oder aus den geistigen Reichen –, desto leichter wird dir die Arbeit fallen. Es ist unerheblich, ob du eine physische oder eine geistige Ernte einfahren möchtest: Alles ist Energie, und du solltest dich darum kümmern.

Jetzt, zum Höchststand der Lammasenergie, beschäftigst du dich mit der Segnung deiner Ernte und bittest um einen guten Ausgang.

Das Mahl

Zum Schnitterfest, dem Fest der Erdmutter, kannst du ein Ährenbrot backen. Das Rezept ist für 3 Personen berechnet.

Ährenbrot

Zutaten

- 500 g Dinkelmehl
- 250 g Roggenmehl
- 500 ml Wasser
- 15 g Salz
- 20 g frische Hefe
- 250 g geriebener Mozzarella
- 200 g roher oder gekochter Schinken, dünn geschnitten (wenn gewollt)

Zubereitung

Beide Mehlsorten in einer Schüssel mischen und mit Wasser, Salz und Hefe zu einem festen Teig vermengen. Auf die mit Mehl bestreute Arbeitsfläche legen und durchkneten, bis der Teig glatt ist. Bei Bedarf noch etwas Mehl hinzugeben.

Den Teig 30 Minuten gehen lassen. Währenddessen den Backofen auf 180 °C Ober-/Unterhitze vorheizen.

Danach den Teig noch einmal kurz durchkneten und in 3 gleich große Stücke teilen. Diese zu ca. 15–20 cm großen Quadraten ausrollen.

Die Quadrate zu 2 Dritteln mit dem Käse bestreuen. So viel Schinken auf den Käse legen, dass dieser komplett bedeckt ist. Die Quadrate mit dem unbelegten Teil hinten zusammenrollen. Die Enden gut zusammendrücken und die Rollen mit der Naht nach unten auf die Arbeitsfläche legen. Mit einer Schere von beiden Seiten im 45°-Winkel mehrmals beidseitig einschneiden (nicht durchschneiden). Die so entstandenen Zacken leicht nach außen biegen und so eine Ähre formen.

Teiglinge auf ein mit Backpapier belegtes Backblech legen und in das obere Drittel des Backofens schieben. In den unteren Teil eine Schüssel oder ein weiteres Backblech mit ca. 300 ml Wasser stellen. Das verdunstende Wasser hält den Teig feucht. 30 Minuten hellbraun backen und abkühlen lassen.

Das Getränk

Apfelbier

Zutaten

- 5 große rote Äpfel
- 40–50 g Honig
- 1 TL Muskatpulver
- 2 l dunkles Bier

Zubereitung

Backofen auf 150 °C Ober-/Unterhitze vorheizen.

Die Äpfel schälen, Kerngehäuse entfernen und Äpfel mit Honig füllen. Mit Muskat bestreuen und 15–20 Minuten backen.

Die noch heißen Äpfel möglichst klein schneiden und in einen Topf geben. 1 l Bier hinzufügen und kurz aufkochen lassen. Die Mischung über Nacht kalt stellen.

Am nächsten Tag die noch festen Apfelstücke mit einer Schöpfkelle herausnehmen. Die Flüssigkeit mit dem restlichen Bier auffüllen.

Der Lammasdrink kann gekühlt oder erwärmt getrunken werden.

Vorbereitung

Mit der Zubereitung des Getränks solltest du am Tag vor dem Ritual beginnen, weil es über Nacht durchziehen muss.

Für deinen Altar benötigst du:

- 1 sonnenblumengelbes oder dunkelgrünes Tuch
- 1 grüne Kerze mit Untersetzer
- Äpfel, Kornähren, Sonnenblumen, Beeren und Trauben, saisonales Gemüse … und alles, was du in der Natur findest und dich anspricht. Lege auch Mineralien, die mit dieser Zeit in Resonanz stehen, hinzu. Du kannst zudem Stellvertreter für deine geistigen Ernten suchen. Sie erinnern dich daran, dass du wichtige Aufgaben abschließen konntest.

Für das Ritual benötigst du:

- flache, handtellergroße Kieselsteine
- Acrylfarben oder Wasserfarben und Klarlack oder farbige Lackstifte
- Pinsel
- ca. 20 Stängel Pfefferminze
- ca. 20 Stängel Zitronenmelisse
- 5–10 Stängel Frauenmantel
- ca. 20 Stängel Beifuß
- ca. 20 Stängel Salbei
- ca. 20 Kornähren
- Naturkordel
- Räucherwerk: Melisse, Passionsblume, Basilikum, Angelikawurzel, Baldrianwurzel, Eichenrinde, Thymian, Zitronenmelisse, Wacholderbeere, Mädesüß, Heidekraut (Auswahl davon)
- 1 feuerfeste Räucherschale, mit Sand gefüllt, und Räucherkohle, alternativ Räuchergefäß mit Räuchersieb und Teelicht
- Streichhölzer oder Feuerzeug
- 1 kleine weiße Tischdecke
- mehrere Namensanhänger, ca. 8 x 6 cm groß, mit Loch
- 1 Stift, mit dem du schön schreiben kannst

Ablauf

Dieses Ritual unterstützt dich dabei, Dankbarkeit auszudrücken und weiterzugeben.

Errichte deinen Altar, und genieße den Anblick der vorhandenen Fülle. Lasse dich bei der Verteilung deiner Dekoration führen. Stelle auch eine Portion deiner Ritualspeise und des Ritualgetränks für die Erdmutter und den Kornkönig Lugh bereit.

Entzünde deine Altarkerze und die Räucherkohle oder alternativ das Teelicht unter dem Räuchersieb. Reinige und segne deine Arbeitsgegenstände und Zutaten, sobald die Räucherkohle durchgeglüht ist, mit dem

Räucherwerk. Fächere den Rauch auch durch deine Aura, und entlasse auf diese Weise alle Anspannungen. Freue dich auf das, was nun kommt.

Lege die Kieselsteine, die Namenskärtchen und das Malzubehör vor dich hin. Du kannst diesen Teil, der Bequemlichkeit wegen, auch an einem Tisch durchführen.

Gehe in Gedanken die Erlebnisse der letzten Monate durch. Welcher Mensch, welches Tier, welche Pflanze oder welcher Ort hat dich besonders positiv berührt? Mit wem würdest du gern etwas von deiner Fülle teilen? Schreibe die Namen auf die Namenskärtchen, und sortiere jedem einen Stein zu. Spüre in die Situation hinein, die dich in Verbindung mit dem Mensch, dem Tier, der Pflanze oder dem Ort so berührt hat. Lasse ein Symbol in dir aufsteigen. Das kann eine Sonne, ein Herz, eine Blume oder etwas ganz anderes sein. Völlig entspannt siehst du nun vor deinem geistigen Auge ein Motiv, das du auch mit Leichtigkeit malen kannst. Verziere den Stein mit dem Symbol in Farben, die dir gefallen. Bringe so das Zeichen eurer Verbindung in die Welt.

Tritt auf diese Weise mit jedem der Namensträger in Kontakt, finde euer gemeinsames Symbol, und bemale den Stein. Lasse danach alle Zeichnungen trocknen. Hast du Wasserfarben verwendet, solltest du sie anschließend mit Klarlack fixieren.

Gehe dann zum zweiten Teil des Rituals über. Breite die kleine Tischdecke vor dir aus, und lege die Kräuter daneben. Binde daraus für jeden deiner Steine ein Bündel. Teile die Kräuter so auf, wie du es als richtig empfindest. Binde jeden Strauß mit einem Stück Kordel zusammen, knote das Namensschild daran, und befestige das Sträußchen an dem Stein. Achte darauf, dass die Kordel lang genug ist, um den Stein und das Bündel damit zu umwickeln. Nimm das fertige Geschenk an dein Herz, sprich aus, warum du dankbar für die Verbindung mit diesem Menschen, diesem Tier, dieser Pflanze oder diesem Ort bist, und lasse deinen Segen hineinfließen.

Gehe mit jedem deiner Geschenke auf diese Weise vor. Du hast jetzt für alle ein äußeres Zeichen deiner Dankbarkeit erstellt.

Danke deinen Helfern aus den geistigen Reichen für ihr Kommen und die Klarheit, die du von ihnen erhalten hast. Bedanke dich bei der Erdmutter und dem Kornkönig Lugh für ihre Kraft. Genieße in Ruhe das Ritualmahl und das Ritualgetränk. Entlasse danach bewusst deine Helfer aus der Anderswelt wieder in ihre Gefilde. Lösche als Zeichen des Ritualendes die Kerze.

Kümmere dich darum, dass diese Segensgeschenke bei den bedachten Personen ankommen. Bringe sie zu den Orten, Pflanzen und Tieren, sodass sie dort wirken können. Genieße eure Verbindung.

Wisse, dass sich nach dem Ritual die Lammaskraft bis zum Ende des Monats August immer mehr abbaut und der aufsteigenden Mabonkraft den Raum überlässt.

Mabon

Ich bin der Boden, auf dem du wandelst.
Lege dich zu mir, und entspanne dich.
Genieße die Geschenke, die ich dir sende.
Es ist deine Zeit der Ernte.
Ich bin die Sonne, und ich bin der Mond.
Ich bin das Licht, und ich bin die Dunkelheit.
In der Balance all dessen, was ist, halte ich dich.
Meine Präsenz lässt dich vertrauen.
Auf dem Weg in die Dunkelheit bin ich bei dir.
Ich bin dein Fels und dein Halt.
Wähle deine Schritte mit Bedacht.
Ich führe dich durch die Zeit der Ernte.
Wähle weise.

Das ganze Jahr über haben wir auf sie hingearbeitet: Die Zeit um **Mabon** ist die des Erntedankes und des Entspannens. Der Großteil der Ernte ist eingebracht, und wir erfreuen uns der Früchte unserer Arbeit. Es wird gedankt und gefeiert. Jetzt halten wir auch Rückschau und besinnen uns darauf, was uns alles auf unserem Weg begegnet ist und wer uns beim Erreichen unseres Ergebnisses unterstützt hat.

Unterstützende Aspekte

Traditioneller Bezug	Herbsttagundnachtgleiche
Zeitschwingung	Erntedank, Jagd
Zeitpunkt der höchsten Energie	22./23.09.
Planetarisch	Sonnenfest
Naturentsprechung	fallendes Laub
Hüterin der Zeit/ Göttin	Artio
Hüter der Zeit/Gott	Dagda
Symbol	Kessel der Versorgung
Rune	GEBO
Farben	Braun, Kürbisgelb

Pflanzen	Kastanie, Getreide, Eiche, Apfelbaum
Tiere	Hirsch, Skorpion
Mineralien	Bernstein, Achat, Lapislazuli, Aventurin, Sodalith
Räucherwerk	Brombeerblätter, Kardamom, Myrrhe, Labkraut, Lorbeer, Nelke, Muskat, Wacholderbeere, Orangenschale, Schafgarbe, Odermennig, Salbei
Rituelle Speisen	Brot, Apfelchips
Rituelles Getränk	Apfelsaft

Die Göttinnen und Götter

Artio war eine wichtige Göttin für die keltischen Stämme, die in den Alpenregionen lebten und von den Ressourcen des Waldes abhängig waren. Sie wird oft mit einem Bären dargestellt und gilt als Schutzpatronin der Tiere, der Fruchtbarkeit und der Wildnis. Artio wird manchmal mit der römischen Göttin Diana oder der griechischen Göttin Artemis gleichgesetzt, die ebenfalls mit der Jagd und der Natur verbunden waren.

Der keltische Gott Dagda war einer der mächtigsten und angesehensten Götter der irischen Mythologie. Er war der Anführer der Túatha Dé Danann, des Volkes der Göttin Danu, und der Vater vieler anderer Gottheiten. Oft wurde er als ein großartiger Krieger, ein weiser Herrscher, ein begabter Dichter und ein geschickter Magier beschrieben und war zuständig für Fruchtbarkeit, Landwirtschaft und Klima. Er besaß mehrere magische Gegenstände, darunter einen Kessel, der niemals leer wurde, eine mäch-

tige Keule, die Leben geben oder nehmen konnte, und eine Harfe, die die Jahreszeiten kontrollierte und das Gemüt der Götter und Menschen beherrschte. Zu seinen Geliebten gehörte unter anderem Morrigan.

Die Rune

GEBO – Balance, Ausgeglichenheit, Geben und Nehmen im Einklang

Zu Mabon wird geteilt und gedankt. Die Rune GEBO entspricht genau dieser Definition – Geben und Nehmen in Harmonie. Du hast deine Ziele erreicht und dabei sehr viel Unterstützung erhalten. Jetzt ist es deine Aufgabe, diese auszugleichen. Prüfe, wo noch Disharmonie herrscht. Nimmst du zu viel auf dich und stellst deine Bedürfnisse hintan? Oder drängst du nach vorn und nimmst zu viel auf deine eigenen Schultern? Möglicherweise lässt du auch zu häufig andere für dich arbeiten, ohne sie zu entlohnen. Die Dankbarkeit, die in der Mabonzeit überall zu spüren ist, ermuntert dich, die Waagschalen ins Gleichgewicht zu bringen. Genieße die Balance, und lasse zu, dass deine Ernte besonders reichhaltig ausfällt. Du hast es dir erarbeitet und verdienst den Ausgleich.

Die Natur im Jahreskreis

Mabon ist das zweite Erntefest im Jahreskreis und markiert gleichzeitig den Herbstbeginn. Der Höhepunkt dieser Zeit ist die Tagundnachtgleiche.

Die Felder sind leer, das Korn ist gedroschen und im Speicher eingelagert. Das Heu ist getrocknet, und das Stroh liegt gebunden im Unterstand.

Es herrscht immer noch emsige Betriebsamkeit, täglich gibt es etwas zu tun. Die Fülle der Natur steht zur Verfügung, und ein Wettlauf gegen den herannahenden Winter beginnt. Die Früchte sind einzukochen oder anderweitig haltbar zu machen. Die gleißende Helligkeit weicht dem goldenen Licht der sich zurückziehenden Sonne. Mutter Erde grüßt uns mit ihrer Farbenpracht und zeigt sich noch einmal in ihrer Vielfalt. Noch sind die Tage so lang wie die Nächte. Aber im Gegensatz zur Zeit von Ostara ist es dieses Mal die Dunkelheit, die die Oberhand gewinnt.

Sind auch die letzten Gaben der Natur in Scheune und Haus untergebracht, haben wir Zeit, uns für die empfangene Hilfe zu bedanken. Als Zeichen der Verbundenheit werden die Geschenke, die wir erhalten haben, mit denen geteilt, die uns unterstützt haben.

Traditionelles

Zu Mabon waren unsere Vorfahren glücklich über die Gaben der Natur, daher feierten sie das Erntedankfest. Dabei wurde die Fülle noch ein letztes Mal ausgiebig genossen, bevor die sparsame Phase des Winters begann. Von überallher kamen die Menschen zusammen und brachten Teile ihrer Ernte zum Tauschen, Handeln und für das gemeinsame Mahl mit. Noch spielte das Wetter größtenteils mit, und jeder nutze die letzten warmen Tage, um Zeit in der Gemeinschaft zu verbringen, bevor die Herbststürme sie alle auseinanderwehen würden.

Tag und Nacht hielten bislang die Balance, und die Hoffnung blieb, dass der Winter noch lange auf sich warten ließ. Doch der Schein trog. Zur Hochzeit von Mabon waren zum letzten Mal beide Brüder gleich stark. Es herrschte Ruhe und Frieden – Gleichstand – im sich jährlich wiederholenden Kampf zwischen dem Eichenkönig und dem Stechpalmenkönig, den zwei Aspekten des Sonnengottes.

In verschiedenen Landstrichen gab es bestimmte Bräuche während der Mabonzeit. Nach der gemeinsamen Erntedankfeier wurden neue Zyklen eingeläutet. Der 29. September steht dabei besonders im Fokus, denn in vielen Regionen beginnt an diesem Tag der Almabtrieb. Gemeinsam ging man mit den Tieren den Weg von den saftigen Wiesen der Freiheit oben auf der Alm hinunter ins Tal und in den Schutz der Ställe. Für die Tiere wurden Kränze aus Kräutern und Blumen gebunden, die sie dann während der Prozession trugen.

Im späteren Verlauf wurde dieser Termin vom Klerus adaptiert und kollektiv allen Erzengeln geweiht. Erzengel Michael, der Fackelträger, wurde gerufen, um das Licht zu entzünden. Spinnen und Weben waren Arbeiten für die dunkle Jahreszeit, in der kaum noch etwas im Außen zu tun war. Doch brauchte man dafür dennoch genug Licht, und so bat man um so viel davon, dass die Arbeiterinnen ihr Werk mit klarem Blick verrichten konnten.

Unsere germanischen Vorfahren hielten an diesem Tag traditionell Gericht oder führten wichtige Beratungen durch. In den Tagen davor trafen sie sich zum großen Fest und konnten somit diese Versammlung erledigen, bevor sie die Rückreise antreten mussten.

Rituelles und Symbolisches

Jetzt beginnt die zweite Ernte, diejenige der Strauch-, Baum- und Erdfrüchte. Kartoffeln, Zwiebeln, Wurzel- und Kohlgemüse sowie Äpfel, Birnen, Nüsse, Pilze und Beeren können jetzt eingeholt werden. Bis zum Tag des großen Festes herrscht noch viel Betriebsamkeit. Die Früchte müssen eingekocht oder zum Trocknen aufgefädelt werden. Kartoffeln, Äpfel und Birnen werden im Keller eingelagert. Zügiges Handeln ist angesagt, in diesem Fall nicht im Wettlauf gegen das Wetter, sondern gegen die Fäulnis. Alle arbeiten Hand in Hand, denn ein gutes Team bringt gute Ergebnisse.

Die Alten, deren körperliche Fähigkeiten eingeschränkt waren, achten derweil auf die Kinder. Sie haben alles im Blick, und man kann sicher sein, dass alles seinen richtigen Gang geht. Ihre Erfahrung ist genauso viel wert wie ein paar kraftvolle Arme. Gleichzeitig haben die Kinder auch einen Blick auf die Ältesten und kümmern sich um deren Wohl. Auch heute noch kennt man das Bild einer Bank vor dem Haus, auf der die Ältesten sitzen, Geschichten erzählen und ihr Wissen an die jüngere Generation weitergeben. Früher hatte jeder in der Familie seinen Platz und seine Aufgabe, sodass ein gesundes Miteinander und die Versorgung aller gesichert waren.

Der Überlieferung nach hat Holle, auch Holla, die Göttin der Schwellenhüter in unserem Kulturkreis, die Frauen das Weben gelehrt und gilt als deren Schutzgöttin. Wenn zum Altweibersommer im Herbst die Sonne golden scheint, sieht man häufig ihre Spinnweben in der Luft schweben. Es ist ihr wehmütiger Gruß an die Spinnerinnen und Weberinnen. Holle spinnt die Feenfäden und verschenkt sie in die Welt.

Meditation

Du trittst jetzt dem Eichenkönig und dem Stechpalmenkönig gegenüber und erlebst, wie sich der Übergang von der Zeit der Fülle in die Kargheit des Winters vollzieht. Dabei kannst du lernen, wie du die Balance zwischen Aktivität und Ruhe, zwischen Geben und Nehmen, zwischen Außen und Innen findest.

Setze oder lege dich bequem hin, und schließe deine Augen. Atme tief ein und aus, und entspanne deinen Körper und deinen Geist. Stelle dir vor, du stehst in einem Wald voller bunt belaubter Bäume. Die Sonne scheint warm auf dein Gesicht. Du hörst das Rascheln der Blätter und das Zwitschern der Vögel.

Vor dir liegt ein Pfad, der dich auf eine Lichtung führt. Gehe den Pfad entlang, und spüre das Laub unter deinen Füßen. Der Wald duftet nach frischen Kräutern.

Auf der Lichtung angekommen, siehst du zwei Gestalten: den Eichenkönig und den Stechpalmenkönig. Sie stehen sich gegenüber. Als sie dich erblicken, lächeln sie dir zu und laden dich ein, dich zu ihnen zu gesellen. Tritt zu ihnen, und begrüße sie freundlich. Spüre ihre Präsenz und ihre Kraft.

Der Eichenkönig spricht zuerst zu dir: »Ich bin der König des Sommers, der dir Wachstum, Fülle und Fruchtbarkeit schenkte. Ich danke dir für deine Liebe zur Natur und deine Freude am Leben. Ich bitte dich nun, mir etwas zurückzugeben, etwas, was du nicht mehr brauchst oder was dich belastet. Was auch immer du loslassen möchtest, um Platz für Neues zu schaffen.«

Du überlegst kurz und nennst ihm etwas, was du hinter dir lassen willst. Das kann ein Gedanke, ein Gefühl, eine Angewohnheit oder eine Situation sein. Übergib es ihm symbolisch, oder nenne es ihm.

Der Eichenkönig nimmt es dankbar an und sagt: »Ich werde es mit mir in die Unterwelt nehmen und es dort während der dunklen Zeit in etwas transformieren, was dir von Nutzen sein wird. Wenn ich wieder erscheine, werde ich es dir geben. Ich segne dich mit meiner Kraft und meiner Liebe. Lebe wohl, bis wir uns wiedersehen.«

Er umarmt dich zum Abschied, geht zurück in den Wald und verschwindet aus deinem Blickfeld.

Nun spricht der Stechpalmenkönig zu dir: »Ich bin der König des Winters, der dir Ruhe, Stille und Erneuerung bringt. Ich danke dir für deine Weisheit und deine Geduld. Ich bitte dich nun, mir etwas zu nennen, was du brauchst oder was dich stärkt. Worüber auch immer du verfügen willst, um dich auf die Zukunft vorzubereiten.«

Wieder überlegst du kurz und nennst ihm etwas, was du bekräftigen möchtest. Das kann ein Ziel, ein Wunsch, eine Absicht oder eine Hoffnung sein. Er zeigt dir mit einem Symbol, dass er dich verstanden hat.

Der Stechpalmenkönig sagt: »Ich werde es mit mir in die Oberwelt nehmen und es dort nähren. Es wird dir helfen, deine Träume zu verwirklichen und deine Herausforderungen zu meistern. Immer wenn du das Gefühl hast, zu straucheln, dann erinnere dich daran, dass in dieser dunklen Zeit der Stechpalmenkönig über dich wacht. Ich segne dich mit meiner Kraft und meiner Liebe. Fühle dich willkommen, wenn wir uns wiedersehen.«

Er umarmt dich zum Abschied und nickt dir noch einmal zu, bevor er weiter in den Wald geht und aus deinem Blickfeld verschwindet.

Du bleibst noch einen Moment auf der Lichtung stehen. Spüre die Veränderung in dir. Nimm wahr, wie viel leichter und erfüllter du dich jetzt fühlst. Danke den beiden Königen für ihre Geschenke und ihre Lehren. Erkenne, dass jeder in seiner eigenen Art wichtig für dich ist. Gehe dann den Pfad entlang zum Ausgangspunkt. Öffne jetzt deine Augen, und komme in die Gegenwart zurück.

Ritual zu Mabon

»Finde dein Gleichgewicht!«, scheint dir die Natur in der Mabonzeit zuzurufen. Spüre und genieße die Ausgewogenheit, die in dieser Phase des Jahres wirkt. Erkenne die Vielfalt und den Segen deiner Ernte. Jetzt ist der Punkt erreicht, an dem wir Danke sagen. Wir schauen ein letztes Mal zurück in die lebendige Zeit des Wachstums, um nach der großen Dankesfeier bewusst Abschied zu nehmen und in die dunkle Zeit zu gehen.

Das Mahl

Der Apfel wird traditionell mit der Großen Göttin in Verbindung gebracht. Seine geschmackliche Vielfalt und abwechslungsreiche Verwendbarkeit machen ihn zu einer optimalen Nahrung in der dunklen Zeit.

Apfelchips

Zutaten

- 4 Äpfel
- Gewürze nach Geschmack

Zubereitung
Den Backofen auf 80 °C Ober-/Unterhitze vorheizen.

Äpfel waschen, schälen und Kerngehäuse entfernen, am besten mit einem Ausstecher. Wenn es Bioäpfel sind, kannst du die Schale auch dranlassen. Die Äpfel in möglichst dünne Scheiben schneiden, z. B. mit einem Gemüsehobel.

Gewürze in einen Gefrierbeutel füllen und durch Schütteln gründlich mischen. Die Apfelscheiben hineingeben, den Beutel verschließen und gut schütteln.

Ein Backblech mit Backpapier auslegen. Die Apfelscheiben aus dem Beutel nehmen und auf dem Blech verteilen. In den Backofen schieben und 2,5–3,5 Stunden (je nach Feuchtigkeitsgrad der Äpfel) trocknen. Damit die Feuchtigkeit besser verfliegt, einen Kochlöffel in die Backofentür klemmen. Die Chips sind fertig, wenn sie knusprig sind und sich leicht biegen lassen.

Vorschläge für Gewürzvarianten (für 4 normal große Äpfel):

Zimt-Apfelchips:	1–2 gehäufte EL gemahlener Zimt
Herbstliche Apfelchips:	2 gehäufte EL Zimt, 1 gestrichener TL Gewürznelkenpulver, 1 gehäufter TL Ingwerpulver, 1 gestrichener TL Muskatnuss
Herzhafte Kräuter-Apfelchips:	(Schmeckt am besten mit sauren Äpfeln.) je 1 gehäufter TL Zwiebelpulver und getrocknete und gemahlene Gartenkräuter wie Oregano, Basilikum oder Dill, etwas Salz
Feurige Apfelchips:	1 leicht gehäufter TL Chilipulver, 1 gehäufter EL Zwiebelpulver, 1 leicht gehäufter EL Paprikapulver, 1 gestrichener TL gemahlener Pfeffer
Klassische Apfelchips:	Saft 1 Zitrone, 1 leicht gehäufter EL gemahlener Kardamom

Die Mengenangaben kannst du variieren. Schmecke deine Gewürzmischungen vor dem Benutzen ab, und passe sie deinen Vorlieben an. Die einfache Zubereitung lädt dazu ein, eigene Gewürzmischungen zu kreieren. Verwende z. B. deine selbst gezogenen Kräuter. Wenn du es süßer magst, kannst du auch etwas Honig dazugeben. Mit Steviakraut, Süßdolde oder für eine herbsüße Note mit aztekischem Süßkraut erzielst du eine natürliche, vegane Süße.

Das Getränk

Zu Mabon passt wunderbar naturtrüber Apfelsaft.

Apfelsaft naturtrüb

Zutaten

- 2,5 kg Äpfel
- 50 g Zucker

Zubereitung

Stiele von den Äpfeln entfernen, Kerngehäuse können mitverarbeitet werden. Äpfel klein schneiden.

Mit einem Pürierstab oder Mixer die Äpfel portionsweise zu einem feinen Püree verarbeiten. Ein großes, feines Sieb mit einem Geschirrtuch oder anderen dünnen Stofftuch auslegen und in einen größeren Topf hängen. Das Püree nach und nach mit einem Löffeln durch das Tuch drücken (passieren). Auf diese Weise gewinnst du gut 1 l Saft. Diesen in einem Topf mit Zucker aufkochen (40 g Zucker pro 1 l Saft) und bei ca. 80 °C 14 Minuten unter Rühren simmern lassen, nicht kochen.

Den heißen Saft in saubere und desinfizierte Gläser oder Flaschen abfüllen und kalt stellen.

Vorbereitung

In diesem Ritual machst du die Fülle sichtbar. Du benötigst dafür:

- 1 braunes Altartuch
- 1 braune Kerze
- 1 sonnengelbe Kerze
- Sonnen-, Korn-, Mohnblumen und weitere Blumen der Zeit
- 3 Stück von jeder Sorte Gemüse deiner Wahl (Entscheide selbst, wie viele Sorten du wählst.)
- 3 Stück von jeder Sorte Obst deiner Wahl (Entscheide selbst, wie viele Sorten du wählst.)
- 3 Stück von jeder Sorte Nüsse deiner Wahl (Entscheide selbst, wie viele Sorten du wählst.)
- einige Halme Stroh zur Deko
- Räucherwerk: Brombeerblätter, Kardamom, Myrrhe, Labkraut, Lorbeer, Nelke, Muskat, Wacholderbeere, Orangenschale, Schafgarbe, Odermennig, Salbei (eine Auswahl davon)
- 1 feuerfeste Räucherschale, mit Sand gefüllt, und Räucherkohle oder ein Räuchersieb mit Teelicht
- Streichhölzer oder Feuerzeug

Je reichhaltiger und vielfältiger deine Lebensmittelauswahl ist, desto fröhlicher und vor allem heiliger wirkt später dein Altar.

Ablauf

Neun ist die heilige Zahl der Kelten und Germanen. Der Überlieferung des keltischen Glaubens nach ist in ihr das gesamte Universum vertreten:

- 3 für die Dreiheit des Göttlichen im Weiblichen und im Männlichen, die Drei Nornen
- 3 x 3 für die höchste Schwingung der natürlichen Zahlen
- 4 für die 4 Elemente, die 4 Jahreszeiten
- 5 für den Menschen

Errichte deinen Altar mit Muße, und lasse dir Zeit. Lege das Altartuch vor dich hin, stelle die beiden Kerzen in den linken und den rechten Bereich. Verteile die Blumen und das Stroh auf dem Altartuch, und breite alle Lebensmittel aus. Lege zusammen, was zusammengehört: Obst zu Obst, Gemüse zu Gemüse und Nüsse zu Nüssen. Lege jeweils drei Stück einer Sorte auf den Altar. Du kannst selbst wählen, an welchen Stellen du sie platzierst. Stelle ebenfalls eine Portion der Ritualspeise und des Ritualgetränks hinzu, und erweise damit deinen Helfern aus den geistigen Reichen sowie der Göttin Artio und dem Gott Dagda deinen Dank.

Setze dich jetzt vor deinen Altar. Atme ruhig und entspannt, und betrachte die vor dir ausgebreitete Fülle. Rufe dir den Sinn deines Erntedankrituals ins Gedächtnis.

Entzünde die beiden Kerzen, und rufe Artio, die Göttin der Jagd und des fliegenden Pfeiles, und Gott Dagda, den Hüter des Kessels, der niemals leer wird. Räuchere deinen Altar und alles, was darauf liegt, ab. Reinige auch dich mit den Räucherkräutern.

Beginne damit, den Segen der höchsten Schwingung des göttlichen Prinzips herbeizurufen. Auf deinem Altar liegen viele Vertreter der Gruppen Obst, Gemüse und Nüsse. Nimm aus jeder Gruppe jeweils eines, und lege es vor dich hin. Vor dir liegt nun die heilige Anzahl von 3 x 3 Lebensmitteln.

Nimm die drei Exemplare des ersten Lebensmittels in die Hand. Rieche daran, fühle ihre Oberfläche, und halte sie an dein Herz. Sprich: »Artio, ich bitte dich aus tiefster Dankbarkeit, segne für mich dieses Lebensmittel. Bitte wirke für mich, wenn ich es verzehre, indem du …« Vollende den Satz, indem du »…« mit dem ersetzt, was durch den Verzehr geschehen soll. Wünschst du dir Unterstützung bei der Heilung von Symptomen? Brauchst du klare Ideen in einer Angelegenheit? Benötigst du Schutz für dein Zuhause? Sprich es aus, und wisse, dein Wunsch wird gehört. Halte die Lebensmittel noch einen kurzen Moment an dein Herz, spüre, wie sich dein Gefühl für die Lebensmittel verändert hat, und lege sie auf den Altar zurück.

Besinne dich auf all deine Wünsche und Bitten, und gehe mit jedem Lebensmittel nacheinander so vor. Überlege in Ruhe, was es für dich tun kann, und segne es. Du kannst auch zu dem Geist der Nahrungsgruppe sprechen, sodass nicht nur bei diesem Stück, sondern immer, wenn du die Sorte zu dir nimmst, die gewünschte Wirkung eintritt. Du musst dich nicht immer daran erinnern, was du dir zu jedem Lebensmittel gewünscht hast. Die Geistige Welt weiß, was geschehen soll.

Wenn du allen Lebensmitteln auf diese Weise eine Aufgabe gegeben hast, danke deinen Verbündeten für ihr Kommen und die Klarheit, die du erhalten hast. Bedanke dich bei der Göttin Artio und dem Gott Dagda für ihre Kraft, deine Versorgung und ihren Segen.

Iss in den nächsten Tagen die Lebensmittel, die auf deinem Altar lagen. Du darfst sie auch kochen, damit es abwechslungsreicher wird. Auf diese Weise verschmilzt du intensiv mit dem spirituellen Aspekt des Lebensmittels, und es wird dich intensiver nähren als bisher.

Nimm dir zum Abschluss eine Portion von der Ritualspeise und dem Getränk. Genieße sie in Ruhe, und lasse sich das Gefühl deines Erfolges ausbreiten. Spüre deine Dankbarkeit für die vielen Möglichkeiten, die du erfahren durftest und die für dich im Bewusstsein des Lebensmittels gespeichert und jederzeit abrufbar sind.

Entlasse bewusst deine geistigen Helfer zurück in die Anderswelt. Lösche als Zeichen des Ritualendes die Kerze.

Wisse, dass sich nach dem Ritual die Mabonkraft bis zum ersten Drittel des Monats Oktober immer mehr abbaut und der aufsteigenden Samhainkraft den Raum überlässt.

Du bist jetzt einmal durch den gesamten Jahreskreis gewandelt und hast viele Eindrücke gewonnen. Der Kreis schließt sich mit dem Übergang in die dunkle Zeit um Samhain, die sich gerade ganz zart in dein Leben schiebt. Das keltische Neujahr setzt alles wieder auf Anfang, und du kannst erneut den Kreis des Jahres durchlaufen – doch im nächsten Zyklus von einer höheren Warte aus und mit einem tieferen Bewusstsein für die Zusammenhänge als im vorangegangenen.

Resümee

Dieses Buch ist die schriftstellerische Zusammenführung unser beider bisherigen Lebenswege.

Wie jeder andere Mensch auch sind wir geprägt von unserer Herkunft, unseren Erfahrungen, unseren Erinnerungen und der unendlichen Weisheit unserer Vorfahren. Zu diesem Wissensschatz haben wir beide, Antara und Peter, Zugang. Ganz besonders werden wir aus der Geistigen Welt unterstützt, vor allem, wenn es dem großen Werk dient.

Die Geistige Welt ermöglichte uns ein erstes gegenseitiges Kennenlernen in Glastonbury, dem Ort, an dem Antaras Wurzeln als Autorin liegen und an dem einige der von ihr verfassten Bücher unter dem besonderen Einfluss der Großen Göttin entstanden sind. Die Magie des Wirkens und Geschehenlassens hat uns beide an die Hand genommen und unserem gemeinsamen Weg den roten Faden gelegt. Unsere Werke zu den Rauhnächten, den Elementen, den Bäumen, aber auch Antaras Bücher zu den Runen, der Weiblichkeit und der Arbeit mit der Großen Göttin sind Trittstufen auf unserem gemeinsamen Lebensweg und Ausdruck unseres aktiven Seins. Die gemachten Erfahrungen und das daraus entstandene Wissen haben uns zum Leben im Jahreskreis geführt. Dieses Buch, die zugehörige Meditations-CD »Durch den Kreis des Jahres« und das Kartenset »Jahreskreis – Orakel der keltischen Feste« begleiten dich durch das Jahr und machen dir bewusst, welche Einflüsse die Rhythmen der Natur auf alle Wesen haben. Diese Trilogie soll ein Einstieg in »gelebtes Leben« im Jahreslauf sein, zu dem alle unsere bisherigen Projekte tiefere Einblicke geben. Sieh es ebenso als die Quintessenz aller Aspekte und Facetten des Daseins.

Seit mehr als 30 Jahren lebe ich, Antara, im bewussten Rhythmus des Jahreskreises. Häufig bekam ich Klarheit in Bezug auf meine Befindlichkeiten und Ereignisse, wenn ich die Einflüsse der Zeit betrachtete. Irgendwann spürte ich den Ruf, dieses Wissen und meine Erfahrungen schriftlich festzuhalten und auf diese Weise weiterzugeben. Trotzdem habe ich lange auf die Realisierung warten müssen. Umso glücklicher bin ich, dass die Zeit endlich reif wurde, diesen Herzenswunsch zu verwirklichen.

Für mich, Peter, der ich vom Land komme, war das Thema Jahreskreis seit meiner Kindheit immer präsent, dieser Bezug zum Leben war natürlich und logisch. Erst mit der Reflexion für dieses Buch habe ich die Besonderheit dessen erkannt. Die natürlichen Zyklen waren allgegenwärtig. Wir hatten Schweine, Hühner und Kaninchen sowie einen großen Gemüsegarten. Es gab Kartoffeln, Möhren, Erbsen, Bohnen, Tomaten. Außerdem wuchsen bei uns jede Menge Beerensträucher. Natürlich hatten wir auch eine Obstwiese mit verschiedenen Apfelbäumen, mit Pflaumen, Zwetschgen und Mirabellen. Es gab also im Frühjahr viel vorzubereiten, zu säen, zu kultivieren und zu pflegen. Die meiste Arbeit war mit der Hand zu erledigen – Kartoffeln anhäufeln, Erbsenreiser im Wald suchen und im Garten setzen. Das Gras auf der Apfelbaumwiese und der Heuwiese wollte mit der Sense gemäht und mit Holzharken gewendet werden, bis es getrocknet war. Danach wurde es für den Winter in große Tücher eingeschlagen und auf dem Rücken auf den Heubalken gebracht. Die Beeren und Äpfel wurden geerntet, im Keller gelagert, eingekocht und haltbar gemacht. Die Ackergeräte wurden so gepflegt, dass sie, wenn man diese benötigte, einsatzbereit waren. Auf den Feldern ringsherum haben die Bauern des Dorfes Getreide, Mais, Kartoffeln etc. im Rhythmus des Jahres ausgebracht und geerntet. Das sind Arbeiten, an die ich mich noch gut erinnere. All dies war selbstverständlich für mich und gehörte zum Leben dazu. Es hat meine Kindheit und Jugend geprägt.

Als uns beide im Jahr 2022 der Ruf aus den geistigen Reichen ereilte, haben wir uns daher sehr gern dem Projekt »Jahreskreis« gewidmet, und wir sind glücklich über das Ergebnis. Es war nicht immer leicht, diesem Ruf zu folgen, es gab diverse Anpassungen und Richtungswechsel. Das Projekt selbst folgte dem Jahreskreis mit Ruhepausen, Stürmen, harter Arbeit, aber auch Leichtigkeit, Freude und Ernte.

Wir haben bewusst erlebt, wie der Kreis des Jahres funktioniert, durften aufzeigen, welche Rituale wir ganz besonders passend finden, hatten viel Spaß dabei, diese Rituale mit Speisen und Getränken anzureichern, haben die Zusammenhänge herausgearbeitet, die für uns stimmig sind, und nehmen heute alles an, was entstehen wollte. Wir sind unendlich dankbar für dieses Werk, da es uns auf unserem Weg weitergebracht hat, und das wünschen wir auch euch, liebe Leserinnen, liebe Leser.

Antara Reimann & Peter Eckel
im Juli 2023

Danksagung

Antara Reimann

Die Liebe und Hingabe zum Leben im Jahreskreis verdanke ich meinem Freund und langjährigen Weggefährten Roland Scholz (www.natur-und-schamanismus.de). Er brachte mir das Thema nahe, mit ihm leitete ich mein erstes Jahresfestritual. Ich bin glücklich, dass er so viele Menschen auf den naturspirituellen Weg gebracht hat und sie immer noch begleitet. Von Herzen sage ich Danke für dein Sein und deine Freundschaft.

Die Verleger Heidi und Markus Schirner gaben mir die Chance, meine Passion in Worten und Bildern in die Welt zu bringen. Danke für euer Vertrauen und die Freiheit, ich selbst zu sein. Von Herzen danke ich euch für euer Sein, euren unermüdlichen Einsatz und die vielen schönen gemeinsamen Stunden und Erlebnisse.

Meinem Lektor Bastian Rittinghaus und meiner Lektorin Ina Keller sowie dem restlichen Schirner-Team danke ich ebenfalls für die Unterstützung und die gute grafische Umsetzung.

Zum Schluss danke ich Esther Rath für das Zeichen, dass gerade jetzt der ideale Zeitpunkt für die Veröffentlichungen zum Thema »Leben im Jahreslauf« sei. Ohne diesen Impuls würde ich wohl immer noch auf den »richtigen« Moment warten.

Peter Eckel

Das Leben hat mich schon früh gelehrt, die Zusammenhänge und Zyklen im Jahreskreis der Natur zu verstehen. Ganz besonders danke ich dafür meinen Eltern, die mir als Kind gerade so viel Verantwortung übertrugen, wie meine Schultern tragen konnten. Sie vermittelten mir den Spaß, aber auch die Notwendigkeit der Arbeit in Feld, Wald und Garten. So lernte ich spielerisch, was es bedeutet, für den Lebensunterhalt Sorge zu tragen.

Ich danke der Großen Göttin, die mich in all den Jahren immer wieder an die Hand genommen und mich mit den Menschen und Orten bekannt gemacht hat, die für mich wichtig waren und es immer noch sind.

Ich danke Heidi und Markus Schirner für die vorbehaltlose Unterstützung, dem Lektorat für das inspirierte Korrigieren und allen anderen, die zum Erscheinen des Buches beigetragen haben.

Vor allem aber möchte ich Antara Danke sagen. Erst durch ihre Art, den Jahreskreis zu leben und zu erleben, hat sich bei mir der Erfahrungskreis zu diesem Thema geschlossen. Ich freue mich und bin dankbar für jeden Impuls, den wir, Antara und ich, bei dir, liebe Leserin und lieber Leser, setzen durften.

Über die Autorin

Antara Reimann ist zertifizierte schamanische Heilerin nach den Richtlinien des »Shamanic Healing des Bridget Healing Centre« (T.C.O.T.S.), Glastonbury/Großbritannien sowie anerkannte Heilerin im Dachverband »Geistiges Heilen e.V.« (DGH e.V.). Seit 1994 leitet sie das spirituelle Seminarzentrum »Licht-Focus«© mit Sitz im nördlichen Westerwald.

Ihr Angebot erstreckt sich über Veranstaltungen und Ausbildungen im europäischen Schamanismus sowie spirituelle Bildungsreisen, z.B. nach Südengland.

Antara Reimanns Wissen ist breit gefächert über viele Themengebiete, die sie gekonnt verknüpft, und zeichnet sich durch praxiserprobte, eigene Erfahrungen aus. Mehrjährige Weiterbildungen in England lassen sie über den Tellerrand schauen und vieles miteinander abgleichen und verbinden. Ihr persönlicher Kontakt zu Angehörigen der Crow-Indianer in Montana unterstützte sie dabei, den eigenen, europäischen Weg zu entwickeln.

Antara Reimanns Helfer aus den geistigen Reichen sind die Eulen. Sie führen sie zu dem verborgenen Wissen zwischen den Welten. Es ist ihre Aufgabe, das, was heute wichtig ist, hervorzuholen und in die Sprache der Jetztzeit zu übersetzen. Dank der Sicht aus den Tiefen des Lebens hat sie einen sehr empathischen Zugang zu den Bedürfnissen und Zusammenhängen dessen, was gesehen werden will.

Zu den Kräften, die heute wieder beachtet werden sollten, gehören die alten Kräfte der Runen. Im Sommer 1995 erschienen zum ersten Mal die Runen in Antara Reimanns Leben. Seitdem sind sie ihre ständigen Begleiter und stehen ihr immer wieder mit gutem Rat zur Seite. Antara Reimann ist auf vielen Veranstaltungen vertreten und bietet Runenberatungen und -analysen an. Ohne die Frage zu wissen, interpretiert sie die erschienenen Runenkräfte und bringt sie in einen treffenden Kontext, sodass jede Frage »auf den Punkt« beantwortet wird.

2006 erhielt Antara Reimann in Glastonbury von der Großen Göttin den Auftrag, den Kontakt zwischen dieser und den Menschen zu erneuern. Über viele Jahre folgte eine intensive und bereichernde Lehrzeit. Heute arbeitet Antara Reimann als Medium für die Große Göttin und überbringt deren Botschaften den Menschen. Wichtig ist ihr dabei die Zusammenführung der weiblichen und der männlichen Kräfte in harmonischer Balance, ohne Geschlechterdefinition und Machtkampf. Die von ihr organisierten und geleiteten spirituellen Bildungsreisen führen nach Glastonbury, dem Gestalt gewordenen Avalon, an den Platz, an dem der Großen Göttin ganz leicht begegnet werden kann.

In Antara Reimanns Büchern und Vorträgen können interessierte Menschen an ihrem Wissen teilhaben und sich inspirieren lassen, mit Neugierde ihrer Spur zu folgen.

»Think globally – act locally« ist eine von Antara Reimanns Lebensregeln: Betrachte die Auswirkungen deines Handels von einer übergeordneten Ebene aus. Erforsche die Wurzeln der Gegend, in der du lebst. Welche Kräfte wirken hier? Als im europäischen Teil unserer Mutter Erde Geborene fühlt sie sich mit den hier wirkenden Wesenheiten und Kräften verbunden und verrichtet mit offenem Herzen und einer gehörigen Portion Humor die Aufgaben, die für sie vorgesehen sind.

www.LichtFocus.de
www.Spur-der-Schamanen.de

Über den Autor

Peter Eckel ist medialer Berater und Energiearbeiter. Seine Leidenschaft gilt vor allem zwei Gebieten: Medialität und die Behandlung auf geistig-energetischer, schamanischer Ebene.

Peter Eckel ist medial veranlagt und gut an die Geistige Welt angebunden. Er besuchte u. a. 2019 das Arthur Findlay College, an dem der englische Spiritualismus und viele weitere Arten der Medialität gelehrt werden. Die Kenntnisse im medialen Lesen erweiterte und vertiefte er außerdem über mehrere Jahre gemeinsam mit Antara Reimann beim berühmten schottischen Medium Gordon Smith. Auch die praktische Arbeit der nordischen Visionstechnik der Völva/Seherin ist ihm geläufig. In seine Arbeit fließen auch fernöstliche Meditationstechniken ein.

In den Veranstaltungen und Kursen, die er mit Antara anbietet, führt er mit Visionsreisen und Meditationen an Situationen heran, die für die Entwicklung der Teilnehmer wichtige Impulse und Anregungen bieten und es ihnen somit ermöglichen, sich wieder an den göttlichen Funken in ihnen zu erinnern.

Peter Eckels Heilbehandlungen werden durch Reiki und das Arbeiten mit Kristallen unterstützt. Der indigene Schamanismus und das Zusammenspiel der verschiedenen Traditionen haben einen großen Einfluss auf ihn. Durch mehrere schamanische Ausbildungen bekam er einen tiefen Zugang zu Naturreligionen. Auf diese Weise schaffte er sich eine breit gefächerte Basis für sein schamanisch geprägtes Wirken. Autodidaktisch gleicht er neu Erfahrenes immer wieder mit seinem Wissen ab.

Peter Eckel fasziniert das Zusammenwirken des althergebrachten Runenwissens und seiner eigenen schamanischen Erfahrungen. Hier finden die Runenexpertin Antara Reimann und er viele Gemeinsamkeiten und Überschneidungen. Nach ihrem ersten gemeinsamen Erfolgsbuch – »Rauhnächte und die Kraft der Runen« – entwickelten sie gemeinsam das System des »Shamanic Rune Healing« und leben und praktizieren seitdem den Weg des europäischen Schamanismus. Weitere Bücher zu den Elementen und zum heiligen keltischen Baumkreis folgten. Sie geben ihre Erfahrungen, auch zu den Inhalten ihrer Bücher, in Online-Workshops, Abendveranstaltungen und Seminaren weiter.

www.PeterEckel.de
www.Voices-for-Healing.de

Bildnachweis

Bilder von der Bilddatenbank www.shutterstock.com:

Layoutelemente: Bilderrahmen und Hintergrund von Listen: # 406178962 (© Olga_C), Keltische Knoten: # 1657662844 (© RedKoala), Keltischer Kreis: # 1640777518 (© RedKoala), Äste allgemeiner Teil: # 2119427831 (© Merfin), Äste Samhain, Yule, Imbolc: # 577423870 (© arhendrix), Ast Ostara: # 2161542141 (© Yulya i Kot), Äste Beltane, Litha, Lammas, Mabon: # 259059581 (© Alexaz), Linien bei Tabellen: # 762314248 (© MaddyZ)

S. 7: # 407021107 (© biletskiyevgeniy.com), S. 8: # 1420779497 (© Mike Pellinni), S. 13: # 2246415849 (© Jozef Klopacka), S. 14, S. 15–33: # 1229106085 (© Belinka), S. 18: # 1812988519 (© WildMedia), S. 19 oben: # 1170355159 (© Inky Water), unten: # 1166717662 (© Inky Water), S. 20: # 151533473 (© S_Photo), S. 22: # 1068857876 (© shellygraphy), S. 26: # 2038268351 (© ju_see), S. 28: # 2218815727 (© Orest lyzhechka), S. 29: # 1906149088 (© YARUNIV Studio), S. 30: # 463880651 (© Shebeko), S. 31: # 128009219 (© siambizkit), S. 34 unten, S. 35–53: # 1099080293 (© Kim Ferguson Photography), S. 34 oben: # 1165693429 (© NWilde), S. 37: # 1169367886 (© Delbars), S. 38: # 1172875615 (© Inky Water), S. 39: # 2079231382 (© Kichigin), S. 41: # 1519905824 (© ju_see), S. 45: # 2066943197 (© Pheelings media), S. 47: # 776464900 (© Africa Studio), S. 48: # 335374118 (© 5PH), S. 49: # 769980829 (© Vera Petruk), S. 51: # 760733977 (© kram-9), S. 54, S. 55–69: # 521028268 (© Vitalii_Mamchuk), S. 57 oben: # 1166717662 (© Inky Water), Mitte: # 1166717671 (© Inky Water), unten: # 1110878921 (© Jiri Hrebicek), S. 58: # 131878511 (© almgren), S. 61: # 1618164241 (© Dmitry Demkin), S. 65: # 2169828823 (© from my point of view), S. 66: # 294608480 (© pilipphoto), S. 67: # 545333698 (© Africa Studio), S. 70, S. 71–87: # 1946295301 (© Yuliia Markova), S. 73 oben: # 1175159320 (© Inky Water), unten: # 2151616141 (© Show Business), S. 75: # 135322916 (© severija), S. 78: # 1107018215 (© Natalia Lisovskaya), S. 81: # 1677796600 (© Monika Surzin), S. 83: # 1383124904 (© larik_malasha), S. 84: # 740091400 (© Eddie100164), S. 85: # 2144265645 (© Klever_ok), S. 88 unten, S. 89–105: # 2017709810 (© Jozef Klopacka), S. 88 oben: # 1717120147 (© Artikom jumpamoon), S. 90: # 373330180 (© Evgeniya Litovchenko), S. 91: # 1166717662 (© Inky Water), S. 92: # 2296130179 (© alexkich), S. 96:# 369328367 (© dba duplessis), S. 98: # 1752728741 (© Andrew S), S. 99: # 1984051427 (© Anna-2118), S. 101 oben: # 1388150750 (© Ulrike Brusch), unten: # 2185656037 (© teddiviscious), S. 106, S. 107–121: # 2030978237 (© Nikita Burdenkov), S. 109: # 1166717665 (© Inky Water), S. 110: # 669231055 (© Smit), S. 114: # 1710424447 (© kukurund), S. 116: # 2326488419 (© ElenVD), S. 117: # 1994489681 (© Madeleine Steinbach), S. 118: # 612860513 (© Josfor), S. 122, S. 123–137: # 2036936891 (© Frolova_Elena), S. 125: # 1172875612 (© Inky Water), S. 126: # 1907492428 (© irin-k), S. 128: # 2259446695 (© PhotoJuli86), S. 131: # 1806007417 (© StevanZZ), S. 132: # 2125752698 (© pic0000), S. 133: # 1726561144 (© Ugryumov Igor), 134: # 2009947736 (© ju_see), S. 137: # 534303448 (© 13Smile), S. 138, S. 139–153: # 58701820 (© Elena Schweitzer), S. 141 oben: # 1172875630 (© Inky Water), unten: # 120562819 (© arturasker), S. 142: # 348320018 (© G-Stock Studio), S. 146: # 1183382653 (© irin-k), S. 147: # 535300165 (© Oksana Mizina), S. 149: # 693822154 (© Elena Veselova), S. 150: # 2044449698 (© ju_see)

Sich vollkommen auf die Jahreskreisfeste einstimmen

Audio-CD, ca. 79 Min.
ISBN 978-3-8434-8440-4

Antara Reimann & Peter Eckel
mit Musik von Michael Reimann

Durch den Kreis des Jahres

Meditationen zu den keltischen Festen
für Hingabe, Klarheit und Kraft

Jedes der acht Jahreskreisfeste trägt eine ganz besondere Energie in sich. Die von Antara Reimann und Peter Eckel geführten Meditationen lassen uns tief darin eintauchen. Die bezaubernden Kompositionen des spirituellen Musikers Michael Reimann stimmen zusätzlich auf die besondere Zeitqualität ein.

Set mit Buch und 48 Karten
ISBN 978-3-8434-9200-3

Antara Reimann,
Peter Eckel & Grit Rademacher

Jahreskreis

Orakel der keltischen Feste

Jede Entwicklung, jedes Projekt, jedes Thema durchläuft die Phasen von Saat und Wachstum, Blüte und Ernte, Rückzug und Vorbereitung auf den nächsten Zyklus. Die Karten zeigen uns, ob es Zeit ist, Neues zu beginnen oder die Kräfte zu sammeln, uns auf uns zu besinnen oder nach außen zu öffnen – nicht nur am jeweiligen Festtag, sondern jederzeit.

Schirner Verlag

Im Einklang mit der Natur und den Ahnen das Leben verstehen

160 Seiten
ISBN 978-3-8434-1501-9

Antara Reimann & Peter Eckel

Der heilige Baumkreis der Kelten

Im Jahreskreis der 13 Kraftbäume
Orientierung und Heilung erfahren

Unsere keltischen Vorfahren verehrten 13 heimische Bäume und waren tief verbunden mit ihnen und dem Kreislauf der Natur. Wir können den Baumkreis auch heute noch als Kraftquelle nutzen.

152 Seiten
ISBN 978-3-8434-1482-1

Antara Reimann

Kraftplätze für deine Seele

Eigene heilige Räume gestalten

Durch die Errichtung eines Altars im eigenen Zuhause oder in der Natur kreieren wir ganz einfach einen stärkenden, sicheren Raum für innere Prozesse, zum Reflektieren und Meditieren.

168 Seiten
ISBN 978-3-8434-1553-8

Antara Reimann & Peter Eckel

Erde, Feuer, Luft und Wasser

Rituale und Wissen rund um die Naturelemente

Jede Spiritualität hat ein wesentliches Fundament: die vier Elemente. Das Leben unserer Ahnen war intensiv mit ihnen verbunden, und auch wir können ihre Potenziale erschließen.

Danke für deine REZENSION

– Gemeinsam sind wir mehr –

Liebe Leserin, lieber Leser,

von Herzen danken wir dir, dass du dieses Buch in den Händen hältst und es bis zum Ende gelesen hast. Das bedeutet uns, dem Schirner Verlag und seinen Autoren, sehr viel. Aus voller Überzeugung und mit Hingabe widmen wir uns seit vielen Jahren Themen, die unser aller Lebensqualität und Bewusstwerdung dienlich sind, und hoffen, einen Beitrag für eine lichtvollere Welt leisten zu können. Wenn dir unsere Arbeit gefällt, möchten wir dich bitten, dir einige Minuten Zeit zu nehmen, um dieses Buch zu rezensieren. Warum? Die meisten Menschen lesen Rezensionen, bevor sie ein Buch kaufen, da sie hierdurch einen Eindruck bekommen, ob und wie der Inhalt des Buches den Leser erreicht hat. Eine kurze Rezension ist dabei ebenso hilfreich wie eine lange, sehr ausführliche. Um es auf den Punkt zu bringen:

Eine Rezension ist heutzutage die beste Werbung für ein Autorenwerk!

Wenn du den Schirner Verlag und seine Autoren neben dem Buchkauf auch anderweitig unterstützen willst, dann bitten wir dich: Schreibe für jedes Werk eine Rezension – vielleicht als persönliche Leseempfehlung für die Buchhandlung in deiner Nähe oder online, z. B. beim Schirner Verlag. Das wäre nicht nur eine Wertschätzung für die Autoren, sondern kann dazu beitragen, dass die Verkaufszahlen steigen und der Schirner Verlag auch in herausfordernden Zeiten Bestand hat.

WIE SCHREIBT MAN EINE REZENSION?

Grundsätzlich sollte eine Rezension aus der eigenen, subjektiven Sicht geschrieben werden, da es sich um eine persönliche Meinung handelt. Du kannst in zwei Sätzen deine Gefühle zu dem Buch äußern oder eine längere Rezension verfassen. Falls du nicht weißt, wie du beginnen sollst, hier ein paar Anregungen:

- War das Buch leicht verständlich geschrieben? Wie hat dir die Sprache gefallen? Wie war die Aufteilung zu den verschiedenen Themen?
- War es unterhaltsam? War es deiner Meinung nach mit Herzblut und Liebe geschrieben? Wie hat es auf dich gewirkt?
- Hat es dein Herz berührt? Konntest du dich wiederfinden?
- War es tief greifend genug? Hast du viel Neues gelernt?
- Hat es gehalten, was der Titel und die Buchbeschreibung versprochen haben? Hat es deine Erwartungen erfüllt?
- Was macht das Buch besonders? Warum sticht es heraus im Vergleich zu anderen Büchern, die ein ähnliches Thema behandeln?
- Würdest du das Buch weiterempfehlen oder verschenken?

Dankeschön

lesen, fliegen, landen
Schirner Verlag